Szépfalusi

Wandererlebnis rund um Wien

Csaba Szépfalusi

Wandererlebnis rund um Wien

Die 40 schönsten Touren

Wienerwald
Südliches Weinviertel
Nationalpark Donau-Auen
March-Auen
Hainburger Berge
Leithagebirge
Wiener Becken

NP
BUCHVERLAG

Dieser Wanderführer wurde mit größtmöglicher Sorgfalt und Genauigkeit zusammengestellt. Die Begehung sämtlicher Routen erfolgt jedoch auf eigene Gefahr und Verantwortung! Weder der Verfasser noch der Verlag können daher irgendwelche Haftungen übernehmen.

Bei Anmerkungen zu den Wanderungen bitten wir Sie, direkt mit dem Verlag
Niederösterreichisches Pressehaus,
NP Buchverlag, Gutenbergstraße 12, 3100 St. Pölten
verlag@np-buch.at

oder dem Autor Csaba Szépfalusi
csaba@vienna.at
Kontakt aufzunehmen.

Umschlagbild: Blick auf die Burg Greifenstein und zur Donau.
Bildlegenden für die nicht beschrifteten Bilder auf Seite 176.
Alle Bilder vom Autor.

Bibliographische Information Der Deutschen Bibliothek
Die Deutsche Bibliothek verzeichnet diese Publikation in der Deutschen Nationalbibliographie; detaillierte bibliographische Daten sind im Internet über http://dnb.ddb.de abrufbar.

www.np-buch.at
verlag@np-buch.at

Satz, Repro, grafische Gestaltung: druck- und werbeagentur tanczos KEG, Leonding
Kartografie: Arbeitsgemeinschaft Kartographie, St. Georgen am Steinfelde
Druck, Bindung: Obersteirische Druck- und VerlagsgesmbH, Leoben

ISBN 3-85326-331-3

Inhalt

Vorwort ... 6
Allgemeine Hinweise ... 9

1. Wiener Stadtwanderwege ... 16
2. Kahlenberg/Leopoldsberg ... 22
3. Hermannskogel ... 26
4. Exelberg/Jubiläumswarte ... 31
5. Windischhütte ... 35
6. Hadersfeld ... 39
7. Tulbinger Kogel ... 43
8. Troppberg ... 47
9. Rudolfshöhe/Schöffelstein ... 50
10. Laabersteigberg/Roppersberg/Hochstöckl ... 52
11. Drei Berge/Hochroterd/Lattermaisberg ... 56
12. Lainzer Tiergarten/Kaltbründlberg ... 60
13. Hinterer Föhrenberg ... 64
14. Höllenstein ... 68
15. Anninger ... 72
16. Hoher Lindkogel ... 77
17. Peilstein ... 83
18. Jochgrabenberg/Steinplattl ... 87
19. Roßgipfel ... 91
20. Kohlreitberg/Buchberg ... 94
21. Schöpfl ... 98
22. Gföhlberg ... 102
23. Kukubauerwiese ... 107
24. Hegerberg ... 111
25. Rudolfshöhe/Steinwandleiten ... 115
26. Seelackenberg ... 119
27. Weinviertel: Hengstberg ... 122
28. Weinviertel: Leiser Berge/Buschberg ... 125
29. Weinviertel: Waschberg/Michelberg ... 128
30. Weinviertel: Glockenberg ... 132
31. Weinviertel: Bisamberg ... 136
32. Weinviertel: Bockberg ... 140
33. March-Auen ... 143
34. Donau-Auen ... 147
35. Hainburger Berge: Braunsberg/Hundsheimer Berg ... 151
36. Hainburger Berge: Königswarte/Spitzerberg ... 154
37. Leithagebirge: Buchkogel/Sonnenberg ... 159
38. Leithagebirge: Kaisereiche Nord-Süd ... 162
39. Leithagebirge: Kaisereiche/Buchkogel ... 165
40. Wiener Becken: Pfaffenöden/Goldberg ... 168

Orts- und Gipfelregister ... 172
Tourenübersicht ... 174

Wandern rund um Wien

Wien liegt am östlichen Alpenrand, dort, wo das am besten erschlossene und für viele „schönste Gebirge“ der Erde sanft ausklingt und noch einige geologische Fühler ins transdanubische Weinviertel ausstreckt. Rund um die einzige randalpine Millionenstadt breitet sich ein feines, traditionsreiches Wandergelände aus, welches gemütlichen und sportlicheren, landschaftlichen, kulturellen und kulinarischen Ansprüchen voll gerecht wird, alle Altersgruppen anspricht und immer Hochsaison hat.
Wandern rund um Wien ist Wandern in seiner reinsten Form: ohne Zeitdruck, ohne Gefahren, ohne größere körperliche Anstrengung. Die Natur ist nicht Herausforderung, sondern Freund. Die Landschaft ist lieblich und weckt den Sinn für die kleinen Dinge am Wegrand: Andachten, Marterln, Inschriften, Grenzsteine, Bäume, Blumen, Tiere, Wegweiser, Markierungen. Beglückende Aussicht verbindet sich mit genussvoller Einkehr, Naturerlebnis mit entspannter Plauderei. Und es bleibt auch Zeit, dem Alltag immer wieder und auf wohltuende Art zu entwandern und sich selber näher zu kommen.

Wer **Wienerwald** sagt, mag zunächst an Wien denken. An die blaue Donau, an Heurigenseligkeit, an Melange und Apfelstrudel mit Schlag, also an Klischees, denen Touristen auf der Suche nach der Prospektwahrheit nacheifern, die aber für Einheimische dazugehören, ohne speziell gewürdigt werden zu müssen. Für sie hat der Wienerwald einen ganz anderen, einen weit größeren Wert. Er ist ihr Ausflugs- und Erholungsgebiet par excellence, seien sie Wanderer, Geländeläufer, Sportkletterer, Mountainbiker, Straßenradfahrer, Reiter oder Langläufer. Ein vielseitiges Betätigungsfeld direkt vor der Haustüre, um das sie eigentlich die ganze Welt beneiden müsste. Natürlich sind die Gipfelhöhen bescheiden, die Felsen niedrig, die Höhenunterschiede gering und die Distanzen überschaubar. Aber die leichte Erreichbarkeit und die Möglichkeit, nahtlos von der grauen Alltags- in die grüne Freizeitwelt einzudringen und sich dort Tag für Tag ein maßgeschneidertes Wandermenü zusammenstellen zu können, tragen dazu bei, dass sich der Wienerwald ungebrochener Beliebtheit erfreut. Ja, man kann sogar von einer schleichenden Renaissance sprechen: Wer Wellness sagt, muss auch Wienerwald sagen!

Erweitern wir ein wenig unseren Wanderhorizont: Der waldlastige, wiennahe Wienerwald wird westwärts zunehmend lichter. Sein seit neuestem treffend als **Wiesenwienerwald** bezeichneter westlicher Teil, der bis zur Traisen und damit ins Mostviertel reicht, zeigt ein gänzlich anderes, nicht minder reizvolles Gesicht: eine intakte Kulturlandschaft, Bauernland vom Feinsten. Äcker, Felder, Viehweiden, Bauernhöfe, dazwischen Waldinseln und viele Kalkalpenblicke, die jedes Mal von neuem die Augen nach den beiden beliebtesten Suchobjekten Schneeberg und Ötscher Ausschau halten lassen.

Das **südliche Weinviertel** steht dem in nichts nach. Nur dass die Akzente diametral entgegengesetzt sind. In erster Linie Felder und Weinberge, aber auch Wälder – genauer: Eichenwälder! Die Mischung bringt's, sie sorgt für Abwechslung und neue Reize. Und wenn in der Ferne die niederösterreichische Alpensilhouette auftaucht und davor eine Jahr für Jahr zunehmend akzentuierte Wiener Skyline ihre Zeigefinger in den Himmel streckt, dann werden aus unscheinbaren und zum Teil auch unbekannten Weinviertler Hügeln große Wanderbereicherungen.

Im **Leithagebirge** und in den **Hainburger Bergen** ist's nicht anders. Die Blickwinkel verschieben und die Fernblicke ähneln sich. Das geschulte Auge setzt die innere Landkarte neu zusammen und findet sich mit der neuen Perspektive zurecht. Die unmittelbare Umgebung zieht aber andere Register: das stark vernachlässigte Leithagebirge, der größte Steppensee Mitteleuropas dahinter, einzigartige kontinental-pannonische Vegetation in den Hainburger Bergen, dort, wo Bratislava und die Kleinen Karpaten zum Greifen nah sind und die Geschichte gerade dabei ist, den Osten wieder näher an Europa heranzuführen. Auch das sind Wanderattraktionen, und was für welche!

Wien ist Nationalpark-Stadt. Die einzige Weltstadt, die innerhalb ihrer Grenzen eine Naturlandschaft schützt, die dem Wanderer unheimlich viel geben kann, nur nicht Berge. Aber das macht gar nichts, das ist gut so und öffnet die Sicht auf andere Dinge, auf ein saisonbedingt immer neues Naturschauspiel direkt vor der Haustür. Der **Nationalpark Donau-Auen** reicht bis zur Marchmündung an der slowakischen Grenze. Er ist also recht lang und wer ihn kennen lernen will, wird dafür mehrere Tage brauchen und vor allem viel Geduld, um auch die Tierwelt erleben zu können.

Zu guter Letzt haben auch die **March-Auen** bei Marchegg hohen Wanderwert. Ein WWF-Naturreservat und mehrere Naturschutzgebiete bieten Spezialitäten auf kleinstem Raum.

Ich wünsche Ihnen viele schöne und erlebnisreiche Wanderungen rund um Wien und hoffe, dass Ihnen dieses Buch dabei ein wertvoller Begleiter sein kann.

Csaba Szépfalusi

Beste Jahreszeit

Rund um Wien hat das Wandern immer Saison. Selbst bei Regen sind kürzere Touren möglich. Bei Wind oder gar Sturm ist man im Wald geschützt, auf den freien Flächen kann's aber vor allem im Spätherbst und im Winter ganz schön grimmig zugehen. Im Winter sind viele Wanderwege nach Schneefall bald wieder gespurt. Lediglich stärkere Neuschneezuwächse können für einige Tage das Weiterkommen auf den schmäleren Pfaden erschweren. Im Hochsommer, wenn es in der Großstadt unerträglich schwül ist, verschafft der schattige Wald die ersehnte Abkühlung. Zum Wandern am besten geeignet sind der Frühling und der Herbst, bei angenehmen Temperaturen und klarer Luft, die eine weit reichende Aussicht ermöglicht. Einziger Wermutstropfen: Schneeschmelze und ergiebige Regenfälle verwandeln in diesen Jahreszeiten manche Wegabschnitte in recht feuchtes und rutschiges Terrain.

Hütten und Gasthäuser

Über das Angebot an Einkehrmöglichkeiten darf sich niemand beschweren! Folgendes ist zu beachten: Die Hütten sind meist „ganzjährig bewirtschaftet", aber nicht immer geöffnet! Ein oder zwei Ruhetage sind wochentags die Regel, an Wochenenden und Feiertagen ist man aber vor Schließtagen ziemlich sicher. Im Sommer ist vereinzelt mit Urlaubssperren zu rechnen. In den Talorten, die ja meist Ausgangs- und Zielorte der Wanderungen sind, ist immer ein Gasthaus in der Nähe, aber auch da sind Ruhetage üblich. Die in diesem Führer angegebenen Öffnungs- bzw. Schließzeiten sind aktuell recherchiert, können aber verständlicherweise Änderungen unterliegen. Die Form der Bewirtschaftung hat hinsichtlich Speisenangebot meist Gasthauscharakter. Der Besucherstrom konzentriert sich stark auf das Wochenende. Besonders mittags sind da manche Gasträume „bummvoll", vor allem in den klassischen Wienerwaldzielen (Peilstein, Anninger, Lindkogel, Schöpfl, Höllenstein, Lainzer Tiergarten), selbst wenn das Wetter nicht optimal ist! Einige Hütten bieten auch Nächtigungsplätze, die aber von den Tagesausflüglern eher selten genutzt werden.

Wege

Die Wanderwege werden von den alpinen Vereinen und von lokalen Fremdenverkehrsverbänden betreut. Das überaus engmaschig gesponnene Netz an Wegen macht es sinnvoll, nicht nur in der üblichen Markierungsfarbe Rot, sondern auch in Gelb, Grün und Blau zu markieren. Wegweiser sind bei Abzweigungen und den wichtigen Ausgangspunkten (Parkplätze, Bahnhöfe, Bushaltestellen, Hütten etc.) angebracht. Forstarbeit kann in Einzelfällen dazu führen, dass Markierungen und sogar Wegabschnitte verschwinden und neu angelegt werden müssen.
Der Wienerwald verfügt über ein dichtes Netz von lokalen, regionalen und überregionalen Rund- und Weitwanderwegen. Die Bezeichnung durch Wegnummern und die Beschilderung sind flächendeckend. Auf ein näheres Eingehen auf diese Wege wird aber in diesem Buch großteils verzichtet, weil ihre ständige Erwähnung zu einer inhaltlichen Aufblähung der Routenbeschreibungen führen würde. In den Freytag & Berndt-Wanderkarten ist der Verlauf der Rund- und Weitwanderwege genau nachvollziehbar.

Ausrüstung

Am wichtigsten sind wie immer beim Wandern die Schuhe. Die große Diversifizierung, die auf diesem Gebiet in den letzten Jahrzehnten stattgefunden hat, bringt mit sich, dass man heute rund um Wien mit einem einzigen Paar nicht mehr das Auslangen finden muss. Bei Sommerwanderungen genügt ein leichter, knöchelhoher Schuh, bei Nässe und Rutschgefahr sollte man auf die steife Profilsohle besonderen Wert legen. Und bei Winterwanderungen im „ergiebigen Neuschnee" wurden selbst im Wienerwald Wanderer mit Plastikbergschuhen und Gamaschen gesichtet!
Auch die Bekleidung sollte „alpin" sein. Auf längeren Flachstrecken kommt man in der kühleren Jahreszeit oft nie richtig „auf Touren", sodass die Erwärmung von innen nicht stattfindet. Wer da nicht warm genug gekleidet ist, wird schnell die Wanderlust verlieren! An Verpflegung ist eine Trinkflasche (im Winter Thermos!) und etwas zum Beißen (Obst, Riegelware) immer vorteilhaft. Die nächste Einkehrmöglichkeit könnte ja unerwartet geschlossen sein!

Öffentlicher Verkehr

Der Raum rund um Wien ist mit öffentlichen Verkehrsmittel gut erschlossen. Vor allem mit der Bahn (Westbahn, Südbahn, Südwestspange Leobersdorf–St. Pölten, Nordspange Wien–Tulln–Traismauer–St. Pölten, Schnell- und Regionalbahnen ins Weinviertel, im Marchfeld, ins Wiener Becken und am Nordufer des Neusiedler Sees) ist das Erreichen aller wichtigen Ausgangspunkte und die Durchführung von unterschiedlichsten Rund- und Streckenwanderungen einfach. Die Busverbindungen kommen dem Wochenend- und Feiertagswanderer weniger entgegen. Ausgehend vom Wiener Becken sind sie einigermaßen brauchbar, weiter westlich oft „zum Vergessen". Das Studium des jährlich neu aufgelegten Fahrplans ist daher vor jeder Tour unumgänglich, um nicht unliebsame Überraschungen zu erleben.

Grundsätzlich muss die An- und Rückfahrt mit öffentlichen Verkehrsmitteln vorbehaltlos empfohlen werden: Von Stau- und Stressfreiheit kann ein Autofahrer nur träumen, der „Öffi-Fan" hingegen schwärmen!

Karten

Das Mitführen einer guten Wanderkarte ist auch und gerade in waldreichen und daher aussichtslosen Gebieten unerlässlich.

Empfohlen seien zwei Verlage und ihre Produkte:

1.) Die Karten des Bundesamts für Eich- und Vermessungswesen (BEV), und zwar die angegebenen Blätter der ÖK50 bzw. der ÖK50-UTM (Maßstab 1:50 000) oder die „gezoomten" Versionen im Maßstab 1:25 000. Diese Karten sind die bei weitem genauesten, was die topographische Darstellung betrifft, und die einzig brauchbaren, wenn man sich von markierten Wanderwegen und von Forststraßen entfernt (was bei einigen der Touren in diesem Buch der Fall ist) oder gar im weglosen Gelände unterwegs ist. Nachteil: Die Darstellung der markierten Wege erfolgt nicht in der Originalfarbe, sondern einheitlich in Rot.

2.) Kartenwerke (Wanderkarten: WK, Wanderatlanten: WA-WW) des Verlags Freytag & Berndt im Maßstab 1:50 000. Vorteile: Darstellung der markierten Wege in der Originalfarbe und mit den Wegnummern. Nachteil: Höhenlinienabstand von 50 bzw. 100 Meter, vereinfachte Geländedarstellung.

Erklärungen

➤ Alle Richtungsangaben gelten im Sinne der Gehrichtung.

➤ Jede Tour besteht aus einer Einstimmung, einem Infoblock, der Routenbeschreibung und Tipps für Varianten.

➤ Der Infoblock bietet eine Zusammenfassung der wichtigsten technischen Daten zur Tour:

➔ Start und Ziel:
Wo eine Durchführung der Tour mit Hilfe öffentlicher Verkehrsmittel möglich ist, befinden sich Start und Ziel an Bahnhöfen, Bahn- oder Bushaltestellen. Dort bestehen auch für Autofahrer Parkmöglichkeiten. Bei Streckenwanderungen (keine Rückkehr zum Ausgangspunkt) ist für Autofahrer die Art der Rückkehr zum Ausgangspunkt angegeben (Bahn/Bus).

➔ Anreise:
Möglichkeiten der Anfahrt zum Start und der Heimreise vom Ziel der Tour. Der Autor ist vom Fahrplan 2003 ausgegangen und hat die Angaben nur in dem Fall getätigt, wo sie in der Wanderpraxis umsetzbar sind.

➔ Zeit:
Eine geschätzte, durchschnittliche reine Gehzeit, die weder zu sportlich noch zu gemütlich ausgelegt ist.

➔ Höhenunterschied:
Die Summe aller im Laufe der Tour zu bewältigenden Aufstiegsmeter. Der Autor war mit einer Höhenmesseruhr unterwegs, sodass die Genauigkeit der Angaben gesichert ist.

➔ Distanz:
Streckenlänge ermittelt auf Basis einer Austrian Map auf CD.

➔ Orientierung:
Eine Beurteilung der Anforderungen an den Orientierungssinn, verbunden mit besonders zu beachtenden Eigenschaften der Route. Anmerkung: Der richtige Umgang mit der Karte ist eine Grundvoraussetzung für jede erfolgreiche Wanderung!

→ Karten:
Ein Hinweis auf die zur Verfügung stehenden und geeigneten Karten. Erwähnt werden jeweils die Karten aus dem Verlag Freytag & Berndt sowie die Bundesamtskarten im Maßstab 1:50 000. Da in diesem Jahrzehnt hier eine komplette Umstellung auf das UTM-System erfolgt und sich dabei neue Blattschnitte ergeben, ist auch bereits die entsprechende UTM-Blattnummer angeführt. Der Leser kann sich also vor Kauf erkundigen, ob bereits das Blatt ÖK50-UTM erhältlich ist.

→ Einkehr:
Bei Orten ohne konkrete Nennung eines Gasthauses ist eine Einkehrmöglichkeit ganzjährig gewährleistet. Gleiches gilt für Hütten und Gasthäuser, bei denen die Bewirtschaftungs- oder Sperrzeiten nicht speziell angeführt sind. Bewirtschaftungs- und Sperrzeiten, Ruhetage etc. sind keine Konstanten. Im Zweifelsfall empfiehlt sich eine kurzfristige Erkundigung an geeigneter Stelle (Gemeindeamt, Tourismusverband, Betreiber, alpiner Verein).

Tourismusregion Wienerwald
Hauptplatz11
3002 Purkersdorf
Tel. 02231/621 76
Fax 02231/655 10
E-Mail: office@wienerwald.info
www.wienerwald.info

Mostviertel Tourismus GmbH
Adalbert-Stifter-Straße 4
3250 Wieselburg
Tel. 07416/52 191
Fax 07416/53 087
E-Mail: office@most4tel.com
www.mostviertel.info

Weinviertel Tourismus GmbH
Kolpingstraße 7
2170 Poysdorf
Tel. 02552/35 15
Fax 02552/35 15-4
E-Mail: info@weinviertel.at
www.weinviertel.at

Tourismusregion March-Donauland
Hauptstraße 3
2404 Petronell
Tel. 02163/35 55-10
Fax 02163/35 55-12
E-Mail: md-online@netway.at
www.marchdonauland.at

Nationalpark Donau-Auen GmbH
Schlossplatz 1
2304 Orth an der Donau
Tel. 02212/34 50
Fax 02212/3450-17
E-Mail:
nationalpark@donauauen.at
www.donauauen.at

Notruf

Bergrettung 140, Euronotruf 112. Wenn kein Handyempfang: Standortwechsel oder statt dem PinCode gleich 112 eingeben.

Alpine Vereine

Oesterreichischer Alpenverein, Landesverband Wien
1010 Wien, Walfischgasse 12, Tel. 01/5138500

Österreichischer Touristenclub
1010 Wien, Bäckerstraße 16, Tel. 01/512 38 44

Touristenverein „Die Naturfreunde"
1150 Wien, Viktoriagasse 6, Tel. 01/892 35 34

Bahn

Zentrale Zugauskunft: 05/1717

Bus

Postauskunft Wien: 01/71101 (von 7.00–19.00 Uhr)

WWWeb

www.alpenverein.at	Oesterreichischer Alpenverein (Sektionen, Hütten, Wetter, Links)
www.touristenklub.at	Österreichischer Touristenklub (Sektionen, Hütten, Wetter, Links)
www.naturfreunde.at	Touristenverein Die Naturfreunde (Sektionen, Hütten, Wetter, Links)
www.vor.at	Verkehrsverbund Ostregion mit Links zu allen weiteren Verkehrsverbünden. Einfache Abfrage für Bahn und Bus.
www.oebb.at	Österreichische Bundesbahn
www.naturparke.at	Alle Naturparke Österreichs
www.wien.at/wald	Die Wiener Stadtwanderwege

Abkürzungen

A	Autobahn
B	Bundesstraße
BEV	Bundesamt für Eich- und Vermessungswesen
bew.	bewirtschaftet
Bf	Bahnhof
geschl.	geschlossen
GH	Gasthaus
Hst.	Haltestelle (Bahn)
Hm	Höhenmeter im Aufstieg
m	Meter
ÖBF	Österr. Bundesforste
ÖK	Österr. Karte 1:50 000 des BEV
Pkt.	Punkt (Höhenkote in der Karte)
Rt	Ruhetag
WA-WW	Freytag & Berndt Wanderatlas Wienerwald
WH	Wirtshaus
WK	Freytag & Berndt Wanderkarte

ZEICHENERKLÄRUNG

A1	Autobahn
20	Bundesstraße
	Hauptstraße
	Sonstige Straße
	Fußweg
	Eisenbahn mit Haltestelle
	Bebauung
	Wald
	Weinbau
	Ruine, Schloss
	Kirche, Kapelle
	Bildstock, Kreuz
	sportliche Variante
	Wanderweg
Start / Ziel	Start/Ziel Hauptstrecke
Start / Ziel	Start/Ziel Variante
Start / Ziel	Start/Ziel von Hauptstrecke und Variante gemeinsam
	Richtungspfeil
	Einkehr
	Aussichtswarte
	Familienvariante

Wiener Stadtwanderwege

Was könnte für Wanderer den Stellenwert Wiens als Freizeitstadt stärker hervorheben als die nun schon auf 15 angewachsene Zahl der Stadtwanderwege, die am Stadtrand, rund um und sogar durch die Stadt von der Gemeinde Wien ausgeklügelt, beschildert und erfolgreich propagiert werden?
Die Stadtwanderwege führen und begleiten den Wanderer zu Natur- und Kultursehenswürdigkeiten. Sie zeichnen sich durch eine Anbindung an den öffentlichen Verkehr aus, sind leicht begehbar und mit ausreichend Einkehrmöglichkeiten auf der Strecke gespickt. Im Wienerwald werden größtenteils bestehende markierte Wege benutzt, der leichteren Orientierung dienen spezielle Wegweiser aus Holz mit der entsprechenden Wegnummer. Die Gehzeiten sind bei den Wegen 1 bis 9 moderat, Erholung und beschauliches Wandern stehen im Vordergrund. Auch Kinder, Jugendliche und Senioren sollen und dürfen sich angesprochen fühlen.
Neben den eigentlichen Stadtwanderwegen gibt es schon seit einiger Zeit zwei längere und daher in Tagesetappen eingeteilte Rund-um-Wien-Wege und seit neuestem sogar eine Nord-Südsowie eine West-Ost-Verbindung durch die Stadt. Für Abwechslung ist also gesorgt – Wandern ist in Wien „in"!

1. Die Stadtwanderwege im Einzelnen:

Stadtwanderweg 1: Kahlenberg

Nußdorf–Zahnradbahnstraße–Beethovengang–Muckental–Sulzwiese–Kahlenberg (Stefaniewarte)–Josefinenhütte–Eiserne Hand–Kahlenberger Straße–Eichelhofweg–Nußdorf

Start und Ziel: Nußdorf, Endstelle Linie D.
3 ½ Std., 300 Hm, 11 km.
Einkehr: Kahlenberg, Josefinenhütte (Mo Rt), Heurige.
Kultur: Nußdorf: Ortsbild. Kahlenberg: Kirche.

Stadtwanderweg 1a: Leopoldsberg

Kahlenbergerdorf–Nasenweg–Leopoldsberg–Josefinenhütte–Kahlenberg–Eiserne Hand–Wildgrube–Kahlenbergerdorf

Start und Ziel: Kahlenbergerdorf, Schnellbahn S40.
2 Std., 300 Hm, 5,5 km.
Einkehr: Kahlenbergerdorf, Leopoldsberg, Josefinenhütte (Mo Rt), Kahlenberg.
Kultur: Leopoldsberg: Kirche, ehem. Kloster. Kahlenberg: Kirche.

Stadtwanderweg 2: Hermannskogel

Sievering–Agnesgasse–Salmannsdorfer Höhe–Häuserl am Stoan–Grüass-di-a-Gott-Wirt–Hermannskogel–Jägerwiese–Kreuzeiche–Cobenzl–Am Himmel–Gspöttgraben–Sievering

Start und Ziel: Sievering, Endstelle Linie 39A.
3 ½ Std., 350 Hm, 10 km.
Einkehr: Häuserl am Stoan, Grüass-di-a-Gott-Wirt, GH Jägerwiese (Mo Di Rt), Cobenzl, Häuserl am Himmel (Mo–Mi Rt), Sievering.

Stadtwanderweg 3: Hameau

Neuwaldegg–Waldegghofgasse–Schwarzenbergallee–Schwarzenbergpark–Hameau–Dreimarkstein–Waldwegrand–Keylwerthgasse–Michaelerwald–Geroldgasse–Schwarzenbergallee–Neuwaldegg

Start und Ziel: Neuwaldegg, Endstelle Linie 43.
3 ½ Std., 300 Hm, 10,5 km.
Einkehr: Marswiese, Häuserl am Roan (9–21 Uhr), Neuwaldegg.

Stadtwanderweg 4: Jubiläumswarte

Dehnegasse–Dehnepark–Silberteich–Steinböckengasse–Satzberg–Jubiläumswarte–Steinbruchwiese–Kleibersteig–Dehnepark–Haltestelle Rosentalgasse

Start und Ziel: Linie 49, Haltestelle Rosentalgasse.
2 ½ Std., 250 Hm, 7,2 km.
Einkehr: GH Silbersee (Mo Di Rt, Sa So Ft ab 11, Mi–Fr ab 17 Uhr bew.), GH Hodalump, Kleines Schutzhaus Rosental (Mo Rt).

Stadtwanderweg 4a: Ottakring

Thaliastraße–Gallitzinstraße–Funkengerngasse–Rolandweg–Johann-Staud-Straße–Jubiläumswarte–Siedlung Heuberg–Schloss Wilhelminenberg–Sprengersteig–Paulinensteig–Wilhelminenstraße–Erdbrustgasse–Ottakringer Straße–Ottakring

Start und Ziel: Ottakring, Endstation U3.
2 ½ Std., 300 Hm, 10 km.
Einkehr: Villa Aurora, Restaurant Schloss Wilhelminenberg, Ottakring.

Stadtwanderweg 5: Bisamberg

Josef-Flandorfer-Straße–Luckenschwemmgasse–Liebleitnergasse–Clessgasse–Neusatzgasse–Steinernes Kreuz–Senderstraße–Magdalenenhof–Eichendorff-Höhe–Falkenberg–Herrenholz–Luckenholzgasse–Clessgasse–Stammerdorf

Start und Ziel: Stammersdorf, Endstelle Linie 31.
3 ½ Std., 170 Hm, 10,3 km.
Einkehr: Magdalenenhof (Mo Rt), Heurige in Stammersdorf und Strebersdorf.

Stadtwanderweg 6: Zugberg–Maurer Wald

Kaltenleutgebner Straße–Willergasse–Kirche–Zugberg–Wiener Hütte–Breitenfurt–Roter Stadl–Eichwiese–Gütenbachtal–GH Schießstätte–Georgenberg–In der Klausen–Kalksburg–Mackgasse–Promenadenweg–Rodaun

Start und Ziel: Rodaun, Endstelle Linie 60.
4 Std., 350 Hm, 12,5 km.
Einkehr: Wiener Hütte (Do Fr Rt), GH Zur Schießstätte (10–19 Uhr, Mi Do Rt, Dez.–Feb. nur Sa So geöffnet). Kalksburg, Rodaun.

Stadtwanderweg 7: Laaer Berg

Ludwig-von-Höhnel-Gasse–Fischhof–Theodor-Sickel-Gasse–Urselbrunngasse–Böhmischer Prater–Laaer Wald–Löwyweg–Bleichsteinerstraße–Amarantgasse–Radio Austria–Schmerbernkreuz–Unteres Feld–Rotes Kreuz–Unterlaaer Straße–Liesingbach–Pottendorfer Linie–Tangente–Holeyplatz–Heubergstätte–Altes Landgut

Start und Ziel: Linien 67, 15A, Haltestelle Altes Landgut (Verteilerkreis Favoriten).
4 ½ Std., 100 Hm, 15 km.
Einkehr: Böhmischer Prater, Kurpark Oberlaa, Ober- und Unterlaa.

Stadtwanderweg 8: Sophienalpe

Grüner Jäger–Mostalm–Franz-Karl-Fernsicht–Sophienalpe–Rieglerhütte–Halterbachtal–Spitalwiese–rund um den Kolbeterberg–Türkenstein–Gideon-Laudon-Grab–Grüner Jäger

Start und Ziel: GH „Zum Grünen Jäger", 14., Mauerbachstraße 47, Bus 249, 449.
3 ½ Std., 300 Hm, 11 km.
Einkehr: GH „Zum Grünen Jäger" (Mo Di Rt), Mostalm (Fr Rt), Sophienalpe, GH Rieglerhütte (ab April–Mitte November Do–So, Ft bew., Dez. nur Sa So).

Stadtwanderweg 9: Prater

Hauptallee–Wurstelprater–Straße des Ersten Mai–Trabrennbahn–Hauptallee–Heustadelwasser–Donau–Lusthaus–Belvedereallee–unter der A23 zur Lusthausstraße–Jesuitenwiese–Konstantinhügel–Praterstern

Start und Ziel: Praterstern/Wien-Nord (U1, Nordbahn, Busse und Straßenbahnlinien).
3 ½ Std., 10 Hm, 13 km.
Einkehr: ausreichend auf der Strecke.

Naturlehrpfad Obere Lobau (Nationalpark Donau-Auen)

Wien 22., Parkplatz am Ende der Saltenstraße (Lobaubrücke).

Neu gestalteter Lehrpfad über Fauna und Flora im Wiener Teil des Nationalparks Donau-Auen.

Stadtwanderweg 10: Rund-um-Wien-Wanderweg

Insgesamt 29 Std., 114 km, Markierung rot-grün.

Abschnitt 1: Donauinsel–Kahlenberg
U1-Donauinsel–Donauinsel-Nordbrücke–Nußdorf–Kahlenbergdorf–Leopoldsberg–Kahlenberg (Bus 38A).
3 ½ Std., 300 Hm, 11 km.

Abschnitt 2: Kahlenberg–Weidlingau
Kahlenberg (Bus 38A)–Hermannskogel–Sophienalpe–Mostalm–GH Grüner Jäger–Bf Hadersdorf-Weidlingau (S-Bahn).
4 ½ Std., 200 Hm, 18 km.

Abschnitt 3: Weidlingau–Liesing
Bf Hadersdorf-Weidlingau (S-Bahn)–Tiergartenmauer–Dreihufeisenberg–Eichwiese–Roter Stadl–Wiener Hütte–Rodaun–Bf Liesing (S-Bahn).
5 ½ Std., 550 Hm, 22 km.

Abschnitt 4: Liesing–Freudenau
Bf Liesing (S-Bahn)–Liesingbach–Schwechat–Albern–Freudenau (Bus 6A, 79A, 80B).
5 ½ Std., 20 Hm, 24 km.

Abschnitt 5: Freudenau–Gerasdorf
Freudenau (Bus 79 A, 80 B)–Donau-Querung–Ölhafen Lobau (Bus 91 A)–Lobau–Eßling–Breitenlee–Süßenbrunn–Bf Gerasdorf (S-Bahn).
6 ½ Std., 20 Hm, 26 km.

Abschnitt 6: Gerasdorf–Donauinsel
Bf Gerasdorf (S-Bahn)–Marchfeldkanal–Rendezvousberg–Bisamberg–Langenzersdorf Donauinsel–U1-Donauinsel.
3 ½ Std., 200 Hm, 12,5 km.

Stadtwanderweg 11: Rund-um-Wien-Wanderweg

Insgesamt 26 Std., 120 km, Markierung pink

Abschnitt 1: Heiligenstadt–Purkersdorf
Bf Heiligenstadt (S-Bahn)–Nußdorf–Klosterneuburg–Weidlingbachtal–Toiflhütte–Sophienalpe–Hohe-Wand-Wiese–Buchberg–Bf Purkersdorf-Gablitz (S-Bahn).
5 ¾ Std., 500 Hm, 26 km.

Abschnitt 2: Purkersdorf–Liesing
Bf Purkersdorf-Gablitz (S-Bahn)–Laabersteigberg–Laab im Walde–Breitenfurt-Ost–Wienerhütte–Föhrenberge–Rodaun–Bf Liesing (S-Bahn).
4 ¾ Std., 700 Hm, 21 km.

Abschnitt 3: Liesing–Freudenau
Bf Liesing (S-Bahn)–Liesingbach–Wienerberg–Böhmischer

Prater–Zentralfriedhof–Schloss Neugebäude–Kaiserebersdorf –Kraftwerk Freudenau (Bus 6A, 79A, 80B).
5 ¼ Std., 100 Hm, 24 km.
Abschnitt 4: Freudenau–Gerasdorf
Freudenau (Bus 6 A, 79 A, 80 B)–Donau-Querung–Lobau–Eßling–Süßenbrunn–Bf Gerasdorf (S-Bahn).
5 ¾ Std., 20 Hm, 28 km.
Abschnitt 5: Gerasdorf–Heiligenstadt
Bf Gerasdorf (S-Bahn)–Stammersdorf–Strebersdorf–Donauinsel–Bf Heiligenstadt (S-Bahn).
4 ½ Std., 20 Hm, 21 km.

Stadtwanderweg 12: West-Ost-Weg

Weglänge: 25 km, ohne Markierung

Salmannsdorf (Endstelle 35A)–Neustift am Walde–Agnesgasse–Sieveringer Straße–Billrothstraße–Silbergasse–Nußwaldgasse–Döblinger Hauptstraße–Wertheimsteinpark–Heiligenstädter Straße–Rampengasse–Döblinger Steg–Brigittenauer Lände–Forsthausgasse–Friedrich-Engels-Hof–Floridsdorfer Brücke–Donauinsel–Reichsbrücke–U1–Rudolf-Nurejew-Promenade–Am Kaisermühlendamm–Kaisermühlenstraße–Am Mühlwasser–Müllnermaisgasse–Biberhaufenweg–Aspern–Kirche–Grünweg neben Großenzersdorfer Straße–Eßling (Buslinie 26A).

Stadtwandergweg 13: Nord-Süd-Weg

Weglänge: 24 km, ohne Markierung.

Kahlenbergerdorf (S40, Bus 239, 240 ab U4/S-Bahn Heiligenstadt)–Donautreppelweg–Schleuse Nußdorf–Brigittenauer Lände–Gaußplatz–Augarten, Tor Wasnergasse zu Tor Klanggasse–Heinestraße–Praterstern–Praterstraße–Aspernbrücke–Stubenring–Stadtpark–Lothringerstraße–Lisztstraße–Heumarkt–Schwarzenbergplatz–Rennweg–Belvedere–Schweizergarten–Arsenal–Lilienthalgasse–Unterführung Linie 6–Stiege zur Kempelengasse–Böhmischer Prater–Laaerwald–Laaerbergstraße, Kurpark–Oberlaa–Unterlaa, Brückenwirt (Buslinie 17A).

Kahlenberg 484 m
Leopoldsberg 426 m

Die Donau, der Wein und der Wienerwald

Es gibt wohl kaum sonst wo auf der Erde eine Gebirgsgruppe, in der die bekanntesten Gipfel so sehr den höchsten Punkten nachhinken wie im Wienerwald.

Das Geschwisterpaar Kahlenberg und Leopoldsberg am östlichen Alpenausklang ist fraglos das populärste Duo weit und breit. Warum, ist schnell erklärt. Von der Höhe bestätigt sich der klingende Satz, dass Wien an der Donau liegt: Wir überblicken die gesamte Wienerstadt, sehen die Donau Richtung Hainburger Pforte und ungarische Ebene entschwinden, sehen aber auch in der Ferne den weiß glitzernden Schneeberg und davor die runderen Formen des Wienerwaldes und der Voralpen. Und wir erkennen mit einem Überblick, womit Wien seinen Bewohnern einen so einmaligen und unschätzbar wertvollen Erholungsraum bietet.

Kahlenberg und Leopoldsberg sind Fixpunkte touristischer Besichtigungsprogramme und die beliebtesten Ziele sonn- und feiertäglicher Nachmittags-Verdauungsspaziergänge der Wiener. Spaziergänge deshalb, weil beide Punkte mit Pkw und Bus schnell und mühelos erreicht sind und ein unmittelbarer Wechsel aus der Großstadt in den hier doch stark frequentierten Wienerwald möglich ist. Natürlich führen auch viele Wanderwege aus allen Himmelsrichtungen herauf, nordseitig durchwegs durch Wald, an den südseitigen Sonnenhängen durch Weinberge.

2. Ausgetretene Pfade von Weinort zu Weinort

Kahlenbergerdorf–Leopoldsberg–Kahlenberg–Nußdorf/Grinzing

Start: Kahlenbergerdorf, 165 m.

Ziel: Nußdorf, 170 m, (oder Grinzing, 220 m).

Anreise: Schnellbahn S40 nach Kahlenbergerdorf. Mit dem Auto: Von Wien Richtung Klosterneuburg (B14) nach Kahlenbergerdorf. Zurück zum Start mit der Bahn.

2 ¾ Std., 350 Hm, 9 km (jeweils nach Nußdorf).

Orientierung: einfach.

Karten: WK 011, WA-WW, ÖK50: 40+41, ÖK50-UTM: 5319+5320.

Einkehr: Kahlenbergerdorf, Leopoldsberg, Josefinenhütte (Mo Rt), Kahlenberg, Nußdorf (oder Grinzing).

Kultur: Kahlenbergerdorf: Kirche, Ortsbild. Leopoldsberg: Kirche. Kahlenberg: Kirche. Nußdorf und Grinzing: Ortsbild.

Vom Bahnhalt in der Unterführung unter der viel befahrenen B14 durch, dann rechts in die Bloschgasse und bald mit roter und grüner Markierung auf dem so genannten „**Nasenweg**", einem mit vielen Treppenabschnitten angelegten schmalen Steig, zügig höher. Dabei Schritt für Schritt erweiterte Rundschau auf Wien, zum Bisamberg und ins dahinter sich ausbreitende Weinviertel. Vom Leopoldsberg, einer im echten Wortsinn „Randerscheinung" der Alpen, hat laut einer an der Kirche außen angebrachten Gedenktafel auch Kaiserin Elisabeth („Sissi") „weite Umschau gehalten". Weiter parallel zur Straße auf einem Gehweg zu einer schönen Wiese unterhalb der Josefinenhütte und hinüber zum **Kahlenberg**. Von den beiden großen Aussichtsterrassen der Hotelanlage

(derzeit nur Heurigen- und Restaurantbetrieb, zukünftige Gesamtnutzung unsicher) öffnet sich die von vielen Postkarten und Gemälden bekannte sehenswerte Rundschau auf Wien. Vom Brunnen (beim Aufgang zur Dachterrasse) zeigt ein Wegweiser zur auf dem tatsächlichen Gipfel des Kahlenbergs neben dem großen ORF-Sender stehenden **Stefaniewarte**. (1 ½ Std.)
Öffnungszeiten der wettergeschützten Warte: Mai–Okt. Sa 12–18, So Ft 10–18 Uhr, für Erwachsene geringe Eintrittsgebühr. Von der Warte einmalig-prächtiges Panorama: Wien, Wiener Becken, Klosterneuburg, südliches Weinviertel, Bisamberg, Kleine Karpaten, Hainburger Berge, Leithagebirge, Schneeberg, Rax, Gutensteiner Alpen, Türnitzer Alpen, Ötscher.
Weiter auf der Senderzufahrt, dann die Höhenstraße kreuzen und mit grüner Markierung in den Wald. Bei einer Gabelung links, an einem Zaun entlang zu einem gelb markierten Steig und links in Kürze zum Holzlagerplatz bei der Sulzwiese. Weiter mit gelber Markierung sanft abwärts zum Durchlass unter der Höhenstraße und in die sich allmählich stärker ausprägende Wildgrube. Am Schreiberbach entlang durch das liebliche Muckental zu einer Gabelung. Nach rechts rot markierte Variante auf dem aussichtsreichen Muckentalerweg, dann durch die Krapfenwald- und die Cobenzlgasse nach **Grinzing** (Endstelle Linie 38).

Nach **Nußdorf** weiter dem Geplätscher des Schreiberbachs folgend (ebenfalls rote Markierung), zuletzt über den Beethovengang zur Endstelle der Linie D. (Nach Grinzing 1 Std., nach Nußdorf 1 ¼ Std.)

Kahlenbergerdorf–Leopoldsberg–Kahlenberg–Kahlenbergerdorf

Kurze, mit verhältnismäßig vielen Anstiegsmetern gespickte Parade-Rundtour.

Start und Ziel: Kahlenbergerdorf, 165 m.
2 ½ Std., 350 Hm, 5,5 km.
Orientierung: einfach.
Karten: WK 011, WA-WW, ÖK50: 41, ÖK50-UTM: 5320.
Einkehr: Kahlenbergerdorf, Leopoldsberg, Josefinenhütte (Mo Rt), Kahlenberg, Nußdorf (oder Grinzing).

Siehe Tour 3, Seite 30.

Wien bei Nacht – vom Häuserl am Roan auf den Dreimarkstein.

Hermannskogel 542 m

Das Höhenmaximum von Wien

Andere Wiener „Berge" mögen bekannter sein, der Hermannskogel ist aber der höchste!

Waldbedingt gibt's ganz oben keine natürliche Aussicht, dafür eine baustilistisch stark historisierende und von einer Unzahl Antennen in verschiedenster Ausprägung bestückte Aussichtswarte. Diese ist nur an Wochenenden und feiertags geöffnet, und auch das nur in den Monaten April bis Oktober bei schönem Wetter.

Außer von Gipfelsammlern wird „Hermanns Kogel" von Wanderern meist nördlich oder südlich umgangen und die Tour auf dem Wiener Höhenweg fortgesetzt. Da hilft's auch nicht, dass der Berg mit einer ganzen Reihe von Sagen und Mythen in Zusammenhang gebracht wird.

Wer ihn also in seiner ganzen Qualität erleben will, wartet geduldig auf ein sonniges Herbstwochenende mit ausgezeichneter Fernsicht, entscheidet spontan und flexibel, besteigt die Habsburgwarte und wird durch ein großartiges Panorama belohnt, das ihm neben Wien praktisch das gesamte niederösterreichische Berg- und Hügelland beiderseits der Donau und auch grenzüberschreitend die Kleinen Karpaten und die „Porta Hungarica" (heute „Hainburger Pforte") ausbreitet. Mit diesen Eindrücken wird er sich zufrieden wieder in die Wälder zurückziehen können.

3. Wiener Höhenweg: Wanderklassiker hoch über der Großstadt

Grinzing–Am Himmel–Jägerwiese–Hermannskogel–Dreimarkstein–Exelberg–Sophienalpe–Mostalm–Mauerbachtal

Start: Wien-Grinzing, 220 m.

Ziel: Wien, Vorderhainbach im Mauerbachtal, 250 m.

Anreise: Straßenbahn Linie 38, Bus 38A.
Mit dem Auto: Vom Nußdorfer Gürtel über die Billrothstraße und die Grinzinger Allee. Retour zum Start mit den Wiener Linien.

4 Std., 500 Hm, 15,5 km.

Orientierung: einfach.

Karten: WK 011, WA-WW, ÖK50: 40+41+58, ÖK50-UTM: 5319+5320.

Einkehr: Grinzing, Häuserl am Himmel (Mo–Mi Rt), Oktogon am Himmel (Mo–Mi Rt), Jägerwiese (Mo Di Rt), Grüass-di-a-Gott-Wirt, Häuserl am Roan (Fr Rt, Do ab 17 Uhr geschl.), Sophienalpe, Mostalm (Fr Rt), GH Grüner Jäger (Mo Di Rt).

Kultur: Grinzing: Kirche, Ortsbild.

In der Himmelstraße zum Heurigen Weigel und gleich danach rechts durch eine schmale Zeile zum Reisenbergbach. Diesen entlang zwischen Wald und Weingärten im zunehmend ausgeprägten Graben auf dem rot markierten „444er" hinauf zum „Häuserl am Himmel" und links haltend zur Höhenstraße (lohnender Abstecher zum Lebensbaumkreis und zum Café Restaurant „Oktogon am Himmel" (Wienblick). Weiter mit rot um den Latisberg herum zur Wegkreuzung bei der Kreuzeiche und mit blau hinauf zur Jägerwiese. (1 ¼ Std.)

Vom oberen Rand der Wiese im Wald zunehmend steiler Anstieg auf den **Hermannskogel** und zur Habsburgwarte (offen Sa 13–18,

So Ft 10–18 Uhr, Nov.–März geschl.). Dann Abstieg auf einem breiten Gehweg, zunächst am Wiesenrand, dann im Wald in einem weiten Linksbogen zum Grüass-di-a-Gott-Wirt. Dort über die Straße und im Wald mit blauer Markierung hinauf zum Dreimarkstein und zum Häuserl am Roan, wieder mit prächtigem Wienblick. (1 Std.)

Unbeirrt von einigen kreuzenden Markierungen weiterhin den roten Farben nach über den welligen und aussichtsarmen Waldrücken hinüber zum Hameau. Geradeaus weiter, nach einer Lacke und der Abzweigung zum Wienerwald-Kriegerdenkmal (Abstecher) auf dem breiten Weg über eine Kuppe zu einer Lichtung (Holzlagerplatz). Dort nach rechts zur nahen Roßkopfwiese (Aussicht auf

Windischhütte, Hermannskogel und ins Weinviertel) und am Wiesenrand ansteigend zum **Roten Kreuz** an der Exelbergstraße (lohnender Abstecher zum Sender, Aussicht von der Gipfelkuppe).
Kurz auf der Straße, dann nebenan auf schmalem Waldpfad zu einem Haus, an diesem links vorbei und mit blauer und roter Markierung zur **Sophienalpe** (älterer Kinderspielplatz, Ponys, Ausflugs- und Hotel-Restaurant). (1 Std.)
Am großen Parkplatz entlang und auf einer Schotterstraße über eine lange Wiese zur – aus heutiger „Sicht" zu Unrecht – so genannten Franz-Karl-Fernsicht. Weiter durch herrlichen Hochwald zur **Mostalm**. Von dort am Waldrand unter einer Stromleitung durch und zu einer Weggabelung. Auf dem linken Ast weiter und

nach steilem Waldabstieg zum Bushalt beim GH Grüner Jäger in Vorderhainbach. (¾ Std.)

Weidling–Weidlingbachtal–Gustav-Fischer-Steig–Hermannskogel–Jägerwiese–Weidling

Zuerst das liebliche Wegerl im Weidlingbachtal, dann eine steile Trainingsstrecke zum Gipfel.

Start und Ziel: Weidling, 196 m.
2 ½ Std., 350 Hm, 8,5 km.
Karten: WK 011, WA-WW, ÖK50: 40, ÖK50-UTM: 5319.
Einkehr: Weidling, Jägerwiese (Mo Di Rt).

Kahlenbergerdorf–Leopoldsberg–Kahlenberg–Hermannskogel–Exelberg–Schottenhof–Mostalm–Vorderhainbach

Wiener Höhenweg integral: die Maximalvariante der Haute Route am nördlichen Stadtrand.

Start: Kahlenbergerdorf, 170 m.
Ziel: Vorderhainbach, 250 m.
5 Std., 600 Hm, 16,5 km.
Karten: WK 011, WA-WW, ÖK50: 40+41+58, ÖK50-UTM: 5319+5320.
Einkehr: Kahlenbergerdorf, Leopoldsberg, Josefinenhütte (Mo Rt), Kahlenberg, Jägerwiese (Mo Di Rt), Grüass-di-a-Gott-Wirt, Häuserl am Roan (Fr Rt, Do ab 17 Uhr geschl.), Sophienalpe, Mostalm (Fr Rt), GH Grüner Jäger (Mo Di Rt).
Kultur: Kahlenbergerdorf: Kirche, Ortsbild. Leopoldsberg: Kirche. Kahlenberg: Kirche.

Grüass-di-a-Gott-Wirt–Hermannskogel–Jägerwiese–Grüass-di-a-Gott-Wirt

Eine Spielwiese zu Beginn, dann eine echte Gipfeltour, dann die Tiere bei der Jägerwiese und ein gemütlicher Ausklang.

Start und Ziel: Höhenstraße, Parkplatz beim „Grüass-di-a-Gott-Wirt".
2 ¼ Std., 180 Hm, 3,5 km.
Karten: WK 011, WA-WW, ÖK50: 40, ÖK50-UTM: 5319.
Einkehr: Jägerwiese (Mo Di Rt), Grüass-di-a-Gott-Wirt.

EXELBERG 516 m
JUBILÄUMSWARTE 449 m

Wandern zwischen Stadt und Land

Bekannt ist der Exelberg vor allem durch die Exelbergstraße, über die von Neuwaldegg via Scheiblingstein und Königstetten die kürzeste Verbindung von Wien nach Tulln gegeben ist, sowie durch den markanten ORF-Sendeturm, durch den er sich von anderen Wienerwaldpunkten leicht bestimmen lässt.

Seine Höhe hebt ihn über die unmittelbaren Nachbargipfel hervor, die meist dichte Bewaldung und die dementsprechend dürftige Aussicht lassen ihn aber nicht besonders attraktiv erscheinen. Da der Exelberg auch vom Wiener Höhenweg (Leopoldsberg–Mostalm) tangiert wird, erfreut er sich ohne großes eigenes Zutun regen Zulaufs durch „Vorbeiwanderer". In Kombination mit einem Besuch und einer „Besteigung" der Jubiläumswarte ergibt sich aber eine sehr lohnende und insgesamt auch aussichtsreiche Park- und Waldwanderung am Wiener Stadtrand.

4. Park- und Waldwanderung am Wiener Stadtrand

Neuwaldegg–Schwarzenbergpark–Exelberg–Schottenhof–Jubiläumswarte–Wilhelminenberg–Dornbach

Start: Neuwaldegg, Endstelle Linie 43, 248 m.

Ziel: Dornbach, Linie 43, 240 m.

Anreise: Vom Gürtel (U6) mit der Linie 43. Mit dem Auto durch die Hernalser Hauptstraße nach Neuwaldegg. Retour zum Start mit der Straßenbahn.

4 Std., 400 Hm, 14 km.

Orientierung: einfach.

Karten: WK 011, WA-WW, ÖK50: 40+58, ÖK50-UTM: 5319.

Einkehr: Neuwaldegg, Alleeimbiss (Mo Rt), Old Wurzelsepp (Mo Rt), Schottenhof (Mo Rt), Hotel Schloss Wilhelminenberg, Villa Aurora, Dornbach.

Kultur: Schwarzenbergpark (Schloss, Allee).

Von der Endstelle der Linie 43 in der Dornbacher Straße rechts und nach der „Resi Tant" links mit roter Markierung die Waldegghofgasse aufwärts, der Mauer des Schlosses **Neuwaldegg** entlang. Dann eine kurze Rampe hinab in die Schwarzenbergallee, durch diese zum Sportplatz Marswiese, unter der Höhenstraße durch und weiter durch die naturnahe Parkanlage, die vor allem an Wochenenden und langen Sommerzeit-Nachmittagen ein viel besuchtes Ziel für Jung und Alt darstellt.

An einem Teich links vorbei und über eine Wiese zum Waldrand (Asphaltende). Rechts über eine Brücke und links ab mit gelber Markierung in einen Graben. Aus diesem auf überraschend steilem Anstieg hinauf zum **Hameau** (Waldlichtung mit Unterstandshütte). (1 Std.)

Weiter links (rote Markierung) auf dem Wiener Höhenweg (Nr. 4, 444) über kleine Kuppen hinweg (unterwegs ein Teich und links im Wald ein Heldendenkmal) zum Roten Kreuz an der Exelbergstraße (starker Motorrad-Freizeitverkehr!). Zum markanten Sender auf der Zufahrt hinauf und gerade auf die unscheinbare Kuppe des **Exelbergs** (lohnender Blick auf Wien).

Dann weiter hinab zum nahen Wald und rechts auf einem nicht markierten und manchmal rutschigen Weg um den Dahaberg.

Bei einer Lichtung (Haus) neben einer Hecke hinab in einen nahen Sattel. Mit gelber Markierung auf einer guten Forststraße um die Waldkuppe der Steinernen Lahn herum, dann neben einer Christbaum-Plantage zum Schottenhof. Jenseits der Höhenstraße Anstieg zur Kreuzeichenwiese und rechts in Kürze zur kühnen Spirale der **Jubiläumswarte** (Panorama: Wien, Wienerwald, Wiener Becken, Kleine Karpaten, Hainburger Berge, Leithagebirge, Voralpen, Schneeberg, Ötscher). (2 Std.)
Jenseits der Straße mit gelber Markierung im Wald abwärts (unterwegs ein kleiner Teich) zu einer Lichtung (Grillplatz). Links zum Parkplatz, auf einer Holzbrücke über eine Naturrodelbahn und kurz vor der Straße von der Markierung schräg links ab zu einem Zaun. An diesem rechts entlang (Linksknick, dann interessante Schautafeln) und in der Savoyenstraße zum nahen Hotel **Schloss Wilhelminenberg** (prächtiger Wienblick von der Terrasse). Weiter auf der Straße zur Villa Aurora (Restaurant), durch die Oberweidenstraße hinab nach Dornbach und rechts zur Straßenbahn. (1 Std.)

Schwarzenbergallee–Hameau–Exelberg–Hanslteich–Schwarzenbergallee

Viel Platz zum Spielen, Teiche und ein Gipfel mit Wienblick.

Start und Ziel: Neuwaldegg, Marswiese.
2 ½ Std., 250 Hm, 9 km.
Karten: WK 011, WA-WW, ÖK50: 40+58, ÖK50-UTM: 5319.
Orientierung: leicht.
Einkehr: Alleeimbiss (Mo Rt), Hanslteich (Mo Rt).

Siehe Tour 3, Seite 30.

Windischhütte 497 m

Hütte geht vor Gipfel, Buchenwald vor Aussicht

Kann ein Berg „Windischhütte" heißen? Natürlich nicht, tut er auch nicht. Aber da der höchste Punkt bis heute unbenannt blieb, ist der Platz eben unter dem Namen der dort stehenden Hütte, die in Wirklichkeit ein Gasthaus ist, bekannt.

Und wenn es die Windischhütte, die benachbarte Windischalm und das sie umgebende Kulturland nicht gäbe, würde sich kaum jemand für die Gegend interessieren. So aber ist das Fleckchen ein beliebtes Ausflugsziel, gemütlich mit dem Auto erreichbar und daher mit großem Parkplatz ausgestattet.

Wer zu Fuß unterwegs ist, wird den Waldreichtum im Naturpark Eichenhain schätzen lernen als Ziel langer Höhenwanderungen, die ihren Ausgangspunkt in den Klosterneuburger Weinbergen nehmen können. Natürlich gibt es auch kürzere Zustiege und die Orientierungstafel beim Eingang zur „Hütte" beweist, dass sich Wanderer hier oben sehr wohl fühlen und von überall herkommen. Das Einzige, was man dem Platz noch wünschen könnte, wäre eine Aussichtswarte. Zwar ist der Wienerwald mit solchen Bauten reichlich gesegnet, hierher würde aber eine weitere gut passen und damit das Wandererglück optimieren.

5. Waldreicher Höhenwegklassiker

Klosterneuburg–Haschhof–Hohenauer Wiese–Windischhütte–Managettasteig–Klosterneuburg

Start und Ziel: Klosterneuburg, 165 m.

Anreise: Schnellbahn S40 Klosterneuburg-Kierling. Mit dem Auto: B14 nach Klosterneuburg.

5 ½ Std., 450 m, 19,5 km.

Orientierung: einfach bei Beachtung der Beschreibung.

Karten: WK 011, WA-WW, ÖK50: 40, UTM: 5319.

Einkehr: Klosterneuburg, GH Windischhütte (Mo Rt, Nov.–Feb. auch Di Rt), GH Windischalm (Di Mi Rt, Dez.–März geschl.), Weidling.

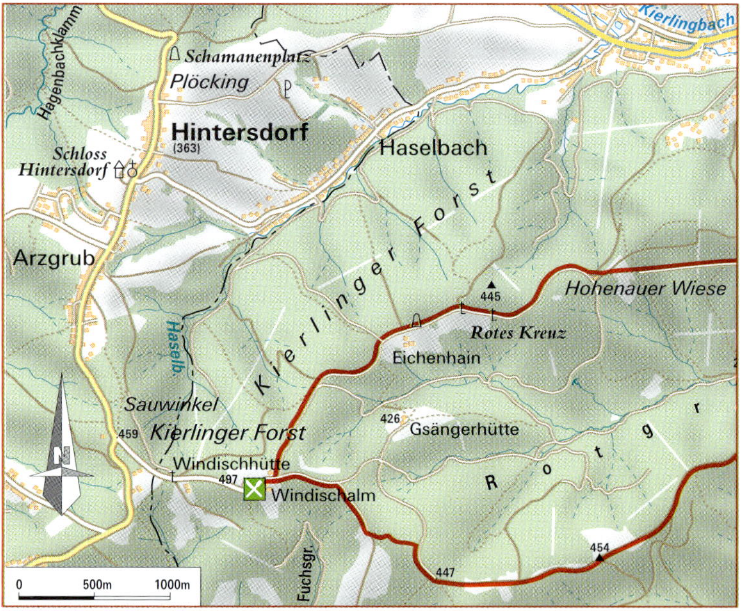

In Blickrichtung zur eindrucksvollen Stiftsanlage vom Niedermarkt mit roter Markierung die Hundskehle hinauf zum historischen Rathausplatz. Weiter durch die Leopoldstraße zum Roman-Scholz-Platz und rechts zum Göppingerplatz. Dort mit grüner Markierung rechts ab Richtung Windischhütte. Durch die Buchberg- und links durch die Raphael-Donner-Gasse aus dem besiedelten Gebiet (zunehmend gute Ausblicke auf die Donau) und in den Weinbergen zum Buchbergkreuz. Auf dem Fahrweg über den flachen und breiten Rücken zur Sternwarte beim **Haschhof**. (1 ½ Std.)
Dort mit gelber und grüner Markierung links weiter und an einem Schauobstgarten vorbei zum Waldrand mit dem Roblkreuz (Gedenken an den „ruchloser Mörderhand zum Opfer gefallenen K&K Gendarmerie-Postenführer"). Auf der Forststraße zur **Hohenauer Wiese** und nun mit blauer Markierung leicht ansteigend weiter zu einer lang gestreckten Wiesenfläche („Eichenhain", unterwegs am Waldrand das Strobl-Denkmal). Bei der folgenden Gabelung rechts ein schöner Durchblick ins Weinviertel.
Weiter auf der Forststraße (gelbe Markierung) hinauf zur **Windischhütte**. (1 ½ Std.)

Für den Rückweg zurück zur ersten Kuppe und mit grüner Markierung rechts Richtung Rotgraben. Bald danach eine Gabelung, dort rechts weiter (rote und blaue Markierung) Richtung Weidlingbach, am Wiesenrand, dann links im Wald an einem Zaun entlang. Auf einer Forststraße rechts in einen Sattel (Pkt. 447). Dort nach Osten auf einem unmarkierten Karrenweg über die freie Fläche Richtung Pkt. 454.

Auf dem Bergrücken in leichtem Auf und Ab weiter, vorbei an mehreren Grenzsteinen, mal im Wald, mal über Lichtungen und Wiesen mit entsprechender Aussicht. Nach dem Kammersberg an den Rand von Weinbergen (Blick zum Kahlengebirge) und auf dem **Managettasteig** zu den ersten Häusern von Weidling. Auf einer bald asphaltierten Straße steiler hinunter auf die Hauptstraße und zur nahen Kirche. (1 ½ Std.)

Weiter in der Löblichgasse vorbei an schönen Villen und am Weißen Kreuz, dann in der Klosterneuburger Gasse unter Weinbergen zum Roten Kreuz. Kurzer Anstieg in der Weinberggasse zum Schwarzen Kreuz (Blick über die Donau bis Wien), hinab zum Sudetendeutschen Platz, durch die Franz-Rumpler-Gasse zum Göppingerplatz und auf bekannter Strecke retour zum Bahnhof. (1 Std.)

Klosterneuburg–Buchbergkreuz–Klosterneuburg

Viel Kultur, viel Wein und viel Aussicht beim Umkehrpunkt, der ein beliebter Platz für Drachensteiger ist.

Start und Ziel: Klosterneuburg, 165 m.
1 ½ Std., 180 m, 4 km.
Orientierung: einfach.
Karten: WK 011, WA-WW, ÖK50: 40, ÖK50-UTM: 5319.
Einkehr: Klosterneuburg.

Hadersfeld 441 m

Nordkap der Alpen

Bei Greifenstein gerät die Donau in Tuchfühlung mit den nördlichsten Alpenausläufern, um bald darauf zwischen Leopoldsberg und Bisamberg in das Wiener Becken einzudringen und Richtung Pannonische Tiefebene friedlich weiterzuströmen.

Obwohl dies recht bemerkenswert ist, blieb südlich von Greifenstein der 441 m hohe Gipfel bei der Siedlung Hadersfeld bis heute unbenannt. Er trägt ein markantes Obelisk-Denkmal mit künstlicher Grotte und bietet eine durchaus respektable Aussicht.

Am Nordabhang unseres Berges steht der Eichenleitenberg. Niemand würde sich aufgrund seiner bescheidenen Höhe von 366 m weiter um ihn kümmern, wenn es nicht darum ginge, den nördlichsten Gipfel der Alpen zu bestimmen – denn das ist er. Wohl auch deshalb, weil der höchste Punkt bei Hadersfeld keinen Namen bekommen hat!

Die Gegend ist ein feines, überschaubares Wanderziel mit sanfteren und steileren, kürzeren und längeren Anstiegen, die von rundherum zum Kulminationspunkt heraufführen. Dieser beschert das einmalige Alpenerlebnis, in einer einzigen Blickrichtung zumindest theoretisch alle Alpengipfel bis hin zu den südlichsten Ausläufern über dem Strand von Nizza vor sich zu haben!

6. Zur Tempelbergwarte

Maria Gugging–Redlingerhütte–Hadersfeld–Tempelbergwarte–Hohenwartberg–Lourdesgrotte–Sonnberg–Maria Gugging

Start und Ziel: Maria Gugging, Nervenklinik, 230 m.

Anreise: Bus von Klosterneuburg nach Maria Gugging-Landeskrankenhaus. Mit dem Auto: B14 von Klosterneuburg nach Maria Gugging.

4 ¼ Std., 400 Hm, 13,5 km.

Orientierung: leicht.

Karten: WK 011, WA-WW, ÖK50: 40, ÖK50-UTM: 5319.

Einkehr: Redlingerhütte (Mitte März–Mitte Okt. Do–So).

Kultur: Maria Gugging: Nervenklinik (Haus der Künstler), Lourdesgrotte. Hadersfeld: Gipfelobelisk, Schloss.

Beim Bushalt empfängt das Landeskrankenhaus den Wanderer mit den offenen Toren, die ihm zu internationaler Berühmtheit und Anerkennung verholfen haben.

Im Anstaltsgelände bald mit von rechts einmündender roter Markierung weiter, dann auf einer Waldstraße dem Marbach entlang. Bei einer Gabelung rechts und in Kürze zur **Redlingerhütte** (Holzplastiken, Biotop).

Nach der Hütte bei der folgenden Gabelung links in den Grabengrund. Nun in angenehmer Steigung durch herrlichen Mischwald nach Hadersfeld. Auf der Straße rechts, bei erster Gelegenheit links, bei einem Kreuz rechts (gelbe Markierung) und am Waldrand hinaus zum höchsten Punkt beim **Obelisken** (Spielplatz). (1 ¼ Std.)

Zurück zur Straße und durch die Schloßgasse (blaue, gelbe und rote Markierung) zum kleinen Wohnschloss **Hadersfeld**. Von dort mit gelber Markierung Abstecher zur Tempelbergwarte (hin und zurück ½ Std.). Neben der hervorragenden Aussicht ist der roman-

tisierende Bau auch wegen seiner Architektur, die ein wenig an die Hubertuswarte auf dem Hermannskogel erinnert, bemerkenswert (April–Okt. So Ft 9–12, 13–17 Uhr, bei Schönwetter).

Retour zur Abzweigung und mit blauer und roter Markierung Richtung St. Andrä und Hintersdorf. Zuerst über Wiesen, dann im Laubwald leicht abwärts auf einen Höhenrücken, ohne nennenswerte Glanzlichter, dafür in umso größerer Beschaulichkeit. Ein Kahlschlag gewährt unterwegs Ausblicke auf Wördern und das Tullnerfeld. Nach einer Kuppe (Schneiderzipf) hinab zu einer Wegkreuzung vor dem **Hohenwartberg**. Dort links und sanfter Abstieg zur eindrucksvollen **Lourdesgrotte**. (Inkl. halbstündigem Abstecher zur Tempelbergwarte 1 ¾ Std.)

Auf der Zufahrt zur nahen Einmündung einer Forststraße. Dort mit gelber Markierung links Richtung Hadersfeld und nach einem Bachübergang rechts ab auf nicht markiertem Forstweg. Diesen aufwärts, im zweiten weiten Linksbogen rechts abzweigen und hinauf in einen Waldsattel nördlich des Sonnbergs. Nun mit grüner Markierung rechts, um den **Sonnberg** herum und bald hinaus auf eine Wiesenfläche. Nach der Stromleitung nicht mit der Markierung rechts, sondern gerade weiter, zurück zur Nervenklinik und zum Ausgangspunkt. (1 ¼ Std.)

Greifenstein–Tempelberg–Hadersfeld–Burg Greifenstein–Greifenstein

Steil hinauf zur Aussicht und runter via Burg.

Start und Ziel: Greifenstein, 185 m.
2 ¼ Std., 280 Hm, 6 km.
Karten: WK 011, WA-WW, ÖK50: 40, ÖK50-UTM: 5319.
Einkehr: Greifenstein, Restaurant Burg Greifenstein (Mo Di Rt).

Maria Gugging–Redlingerhütte–Hadersfeld–Hintersdorf–Windischhütte–Hohenauer Wiese–Kierling

Von einem Landeskrankenhaus zum Gipfel und in einer Runde auf herrlichen Höhenwegen zurück ins Kierlingtal.

Start: Gugging, Nervenklinik, 230 m.
Ziel: Kierling, 217 m.
5 ½ Std., 450 Hm, 20 km.
Karten: WK 011, WA-WW, ÖK50: 40, ÖK50-UTM: 5319.
Einkehr: Redlingerhütte (Mitte März–Mitte Okt. Do–So). Hintersdorf: „Wirtin im Grünen".

Tulbinger Kogel 494 m

Große Aussicht am Alpenrand

Ein bewaldeter Gipfel am Nordabhang des Wienerwaldes braucht natürlich eine Aussichtswarte, nicht weit davon steht zur Abwechslung nicht eine Berghütte, sondern ein Berghotel der feinen Sorte.

Die Wiese davor öffnet den Blick nach Süden und Westen, weit hinein ins Tullner Feld und weiter hinaus ins Waldviertel. Die Warte selbst bietet nach aktuellem Stand des Baumwuchses in alle Himmelsrichtungen gerade noch ungehinderte Sicht. Und weil es im Wienerwald oft genug windig ist, wird man als Besteiger dasselbe Schicksal erleiden wie auf den meisten Aussichtswarten: rasche Auskühlung und entsprechend rascher Rückzug in den schützenden, rauschenden Wald. Gehfaule können mit dem Auto bis auf 5 Anstiegsminuten an den Gipfel heranfahren, Gourmets vom Parkplatz direkt das haubenverdächtige Lokal betreten.

Passionierte Wanderer haben den Tulbinger Kogel nicht als Einzelziel im Auge, sondern als eine der Hauptattraktionen im Rahmen der vielen Anstiegs- und Überschreitungsmöglichkeiten, unter denen jene durch die einmalige Hagenbachklamm besonders hervorgehoben werden muss.

Bis zum Tulbinger Kogel folgt die Tour dem neu beschilderten Planetenweg Tullnerfeld–Wienerwald.

7. Durch tiefe Klamm zu Gipfelhöhen

Wördern–Hagenbachklamm–Tulbinger Kogel–Mauerbach

Start: St. Andrä-Wördern, 177 m.

Ziel: Mauerbach, 287 m.

Anreise: Schnellbahn S40 nach St. Andrä-Wördern. Mit dem Auto: B14 nach St. Andrä. Zurück zum Start mit Taxi (über Wien sehr umständlich).

5 Std., 350 Hm, 16 km.

Orientierung: einfach.

Karten: WK 011, WA-WW, ÖK50: 40, ÖK50-UTM: 5319.

Einkehr: St. Andrä, GH Hauser (Do Rt), Waldschenke (Fr–So bew., Dez.–Mitte Febr. geschl.), GH-Meierei Steinböck-Radlherr (Do Fr Rt), Berghotel Tulbinger Kogel, Mauerbach.

Kultur: St. Andrä: Kirche. Mauerbach: Kartause.

Mit roter Markierung über den Parkplatz, dann links auf dem Damm den Hagenbach entlang nach St. Andrä. Bei der Greifensteiner Straße rechts, nach der Feuerwehr links ab und in der Hittnergasse in einem Bogen zur Wiener Straße. Dort nach einer hohen Stützmauer in den Wald und Querung des steilen Waldhanges zur Straßenkehre. Vorsichtig über die B 14 zum Eingang der wildromantischen **Hagenbachklamm**. Der Wegverlauf folgt dort, unterstützt durch einige künstlich angelegte Stege, den Bachwindungen bis zu einem Rastplatz am Ende der Klammstrecke. Weiter im nun helleren Tal zu einer Forststraße und auf dieser an einer Greifvogelstation vorbei nach Unterkirchbach. (2 Std.)
Auf der Hauptstraße vorbei am GH Hauser und weiter in der Kaltwasserstraße Richtung Hainbuch. Bald steiler rechts aufwärts zur Siedlung „Am Heuberg" und in den Wald. Dort durch zwei Wildzäune und im ausnehmend schönen Hochwald zur Landstraße. Die Richtung beibehaltend leicht abwärts zur Meierei und zur na-

DONAU
Start+Ziel
Aufhof
Bhf.
Muckendorf an der Donau
Yachthafen
Sandfeld
Weinwartshof
Unteraigen
14
Kriegerdenkmal
Hauptgr.
Zeiselmauer
Bhf.
St. Andrä vor dem Hagenthale
Pestkreuz (Rotes Kreuz)
Wipfing
Tullnerfeld
Wolfpassing
Hubertuskpl.
Heindlmühle
Eberhardsbach
Langwiesen
In den Waldgreuten
Schillerin
Hagenbachklamm
Schiepeln
Hollergr.
Königstetten
Hauptgraben
Wolfpassinger Bg.
Greifvogelstation
Schloss Hintersdorf
Oberfeld
Bannholz
Falleiten
Arzgrub
Karlholz
Unterkirchbach
Tulbing
Dopplerhütte
Eichberg
Jahnhöhe
Hängender Stein
Oberkirchbach
Martinsberg
Marleitenb.
Tiergartenkogel
Tulbinger Kogel
Schönwald
Leopold-Figl-Warte
Hainbuch
Hirschberg
Kaltes Wasser
Heuberg
Herrnberg
Steinriegl
Tulbingerkogel
Goldbrunn
Moserhütte
Jammertal
Mödihütte
Passauerhof
Groissauhof
Pitzelsdorfer Wald
Scheiblingsteinberg
Frauenwaldhütte
Groissaub.
Mauerb.
Buchenhof
Pitzelsdorfer B.
Röm. Meilenstein
Passauer Zipf
Hirschengarten
Einsiedelei
Jhtt.
Rußberg
Passauer Wald
Steinb.
Kartause Mauerbach
Steinbach
Lebereck
Maureck
Ochsenweide
Ziel
Allerheiligenberg
Steinbach
Hinterhainbach
Mauerbach
Allhang
Königswinkelberg
Kreuzbrunn
Lebereck
Untermauerbach
0 500m 1000m

hen Waldschenke, dann in den Wald und zunehmend steil hinauf zum **Tulbinger Kogel** mit der Leopold-Figl-Warte. (1 ½ Std.) Panorama: Wienerwald, Tullner Feld, Donau, Weinviertel, Waldviertel, Dürrenstein, Ötscher, Voralpen, Schneeberg.

Kurzer Abstieg zum Berghotel und von dort besserer, weil nicht durch Bäume eingeschränkter Blick zum Schneeberg. Weiter schnurstracks über die aussichtsreiche Wiese zur Landstraße. Von dieser bald nach einem Kriegerdenkmal links ab in die Groißauerstraße der ÖBF (Schranken, Nr. 4).

Kurz nach einer Lichtung (Jagdhütte) bei einer Gabelung rechts weiter (Nr. 16). Auf dem Waldrücken über sanfte Kuppen (unterwegs von rechts Einmündung des Anstiegs von Hirschengarten), dann auf schmälerem Weg weiter, aus dem Wald heraus zum Reiterhof. Am Zaun der großen Anlage entlang, mit der Nr. 45 rechts und bei einem Schranken auf eine Wiese. Einer Baumreihe folgen, dann links ab in die Bäckergasse und nach **Mauerbach**, vis-à-vis der Kartause. Rechts mit wenigen Schritten zum Bushalt. (1 ½ Std.)

Tulbinger Kogel

Drachen steigen lassen und Aussicht genießen.

Start und Ziel: Berghotel Tulbinger Kogel, 452 m.
Karten: WK 011, WA-WW, ÖK50: 40, ÖK50-UTM: 5319.
Einkehr: Berghotel Tulbinger Kogel.

St. Andrä–Hagenbachklamm–Greifvogelstation–Hagenbachklamm–St. Andrä

Großartiges Naturerlebnis in der einzigen „Klamm" des Wienerwalds. Dazu eine Greifvogelstation als Umkehrpunkt. Alternative für die Rückkehr: Abstecher nach Hintersdorf zur „Wirtin im Grünen".

Start und Ziel: St. Andrä, 196 m.
2 Std., 100 Hm, 6,5 km.
Orientierung: einfach.
Karten: WK 011, WA-WW, ÖK50: 40, ÖK50-UTM: 5319
Einkehr: St. Andrä.

TROPPBERG 542 m

Wohlbekannt – trotzdem ein Geheimtipp

Der Troppberg ist ein vergleichsweise wenig erschlossener Gipfel, wobei sich das „wenig" in erster Linie auf das Nichtvorhandensein einer Gipfelhütte bezieht.

Denn Aussichtswarten hatte er gleich drei zu bieten: eine uralte, eine angebaute, die inzwischen niedergerissen worden ist, und eine neue, moderne, die sich so hoch in den Himmel streckt, dass die umstehenden Bäume ihre Plattform wohl nie erreichen werden.

Der Gipfel ist über fünf sternförmig angelegte Wanderwege erreichbar, die Einkehrmöglichkeiten liegen etwas abseits und daher ist auch die Ruhe hier oben ungleich größer als auf manch anderem wiennahen Wienerwaldgipfel.

8. Aussichtsreicher Höhenweg

Purkersdorf–Troppberg–Rekawinkel

Start: Purkersdorf, 248 m.

Ziel: Rekawinkel, 380 m.

Anreise: Schnellbahn S50 nach Purkersdorf-Gablitz. Mit dem Auto: B1 nach Purkersdorf. Zurück zum Start mit der Bahn.

4 ½ Std., 500 Hm, 15,5 km.

Orientierung: einfach, Farbwechsel beachten!

Karten: WK 011, WA-WW, ÖK50: 57+58, ÖK50-UTM: 5319+5325.

Einkehr: Purkersdorf, Bauernhof „Im Grünen Kranz", GH Rieger (Mo Rt, Jän. + März Mo Di Rt, Febr. geschl.), Almstüberl (Di Mi Rt). Rekawinkel: GH Mayer Mi Rt).

Kultur: Purkersdorf: Kirche, Schloss, Ortsbild.

Von der Bahn mit grüner Markierung durch die Karl-Kurz-Gasse zum Hauptplatz und bei der Poststation (davor ein historischer Meilenstein) links in die Kaiser-Josef-Straße. Nach der Pfarrkirche und dem ehemaligen Wasserschloss rechts in der Berggasse zum Beginn des Anstiegs. An der Friedhofsmauer entlang in den Wald (bald ein Rückblick auf das Wiental und Wien).

Es folgen ausgedehnte Buchenwald-Herrlichkeiten, die bei Sonneneinstrahlung durch faszinierende Lichtspiele beeindrucken. Mal auf einer Forststraße, mal auf versetzt verlaufenden Waldpfaden über die Hochram und den Buchberg zu einem **Roten Kreuz** – im Wienerwald keine Seltenheit: Die Farbe ist auf die Verwendung von Ochsenblut als Konservierungsmittel zurückzuführen. Die Kreuze dienten im Volksglauben als Wegsicherung für die besonders gefährdeten Gabelungen („Wegscheid"), als Erinnerung an Unfälle und andere Ereignisse oder als Grenzbezeichnung.

Nach einem meist feuchten Wegabschnitt zu einem Feldrand und damit zum Beginn des finalen Gipfelanstiegs. Über einen steileren

Waldweg zu einem Vorgipfel, kurz links, gleich wieder rechts und in einer Hangquerung in einen Nadelwald. Bei einem kunterbunten Wegweiser rechts (blaue Markierung) und in Kürze zum höchsten Punkt. (2 Std.)
Von der bei Wind „singenden" Warte ausgezeichnete Rundschau. Zurück zum bunten Wegweiser und weiter durch einen finsteren Waldabschnitt Richtung GH Rieger und Rekawinkel (blaue und rote Markierung). Bald links auf der Wiese der mehr als urige Bauernhof „Im grünen Kranz" (ganzjährig einfachste Labung, ein Muss-Abstecher!). Dann wieder im Wald auf dem großteils ebenen Bergrücken zum GH Rieger. Kurz davor eine Naturwaldzelle mit über 200-jährigen dickstämmigen Buchen.
Jenseits des Sattels rot markierte Überschreitung des Heinratsberges über eine recht breite Waldschneise. Am folgenden Wiesenrand Ausblicke, dann weiter wieder mit blauer und roter Markierung. Nach dem Hinteren Steinberg eine Landstraße kreuzen und zum GH Almstüberl.
Dann Richtung **Rekawinkel** über den waldreichen Kleinen und Großen Stiefelberg hinweg. Auf der anschließenden Wiese (Pkt. 455) schöne Ausblicke. Ab einem Wochenendhaus weiter auf einer Forststraße zu einer Schneise unter Starkstrom (am Waldrand ein kleines Feuchtbiotop). Links ab (gelbe Markierung) Richtung Rekawinkel, flach über die Schneise und im Buchenwald zur Forsthausstraße und zum nahen Bahnhof, einem schönen Beispiel für den Bahnhofsbau aus der Mitte des 19. Jahrhunderts, als die „Kaiserin-Elisabeth-Westbahn" durch den Wienerwald errichtet wurde. (2 ½ Std.)

GH Rieger–Troppberg–GH Rieger

Waldspaziergang mit urigem Bauernhof.

Start und Ziel: GH Rieger, 472 m.
1 ½ Std., 100 Hm, 5 km.
Orientierung: einfach.
Karten: WK 011, WA-WW, ÖK50: 58, ÖK50-UTM: 5319.
Einkehr: Purkersdorf, Bauernhof „Im Grünen Kranz", GH Rieger (Mo Rt, Jän. + März Mo Di Rt, Febr. geschl.).

Rudolfshöhe 475 m Schöffelstein 428 m

Naturpark mit Wienerwald-Pilgerstätte und Aussichtswarte

Wer von Wien kommend die erste Steigung der Westautobahn in Angriff nimmt, hat die Rudolfshöhe direkt vor sich.

Im Winter ist die auf dem Gipfel errichtete gewaltige Holzkonstruktion der Aussichtswarte deutlich zu sehen. Mitten im Naturpark „Sandstein Wienerwald" steht das wenig bekannte Bauwerk, das eine zu Unrecht stark vernachlässigte Aussicht auf Wien bietet. Bekannter ist da schon der Schöffelstein, der an den Mödlinger Bürgermeister Josef Schöffel erinnert, welcher von 1870–1872 mit seinem aufopfernden Einsatz erreichte, dass nicht ein Großteil des stadtnahen Wienerwaldes Holz- und Grundstückspekulationen zum Opfer fiel.

9. *Rundtour zu Aussichtswarte und Denkmal*

Purkersdorf–Rudolfshöhe–Schöffelstein–Purkersdorf

Start und Ziel: Purkersdorf, 248 m.

Anreise: Schnellbahn S50 nach Purkersdorf-Gablitz. Mit dem Auto: B1 nach Purkersdorf.

2 Std., 300 Hm, 7 km.

Orientierung: einfach.

Karten: WK 011, WA-WW, ÖK50: 58, ÖK50-UTM: 5325.

Einkehr: Purkersdorf.

Kultur: Purkersdorf: Kirche, Schloss, Ortsbild, Sanatorium. Schöffelstein.

Vom Bahnsteig Richtung Wien über den Wienfluss, dann rechts und auf einer Fußgeherbrücke über die B44 und zum Eintritt in den Naturpark (Spielplatz, links Streicheltiere). Nach rechts und bei einem Schranken links aufwärts auf dem Georgenbergweg (rote Markierung, Nr. 4 und 444).

Teils im Wald, teils am Waldrand auf und ab wandernd zur Prager Gasse und zum ehemaligen Sanatorium (Jugendstilbau von Otto Wagner). Bald darauf ein Rechtsschwenk und nach einem anfangs steileren Anstieg gemütlicher weiter (Wientalblick) über den schönen Waldrücken auf die **Rudolfshöhe** (etwas abseits des Hauptwegs). (1 ¼ Std.)

Von der Plattform der Aussichtswarte gute Rundschau auf Wien, Wienerwald und das Bergland rundherum, mit den Höhepunkten Schneeberg und Ötscher.

Wieder auf festem Boden bald in Kehren abwärts, zuletzt über eine leichte Welle in einen Sattel und geradeaus hinauf zum berühmten **Schöffelstein**. Dann zunächst recht steiler Abstieg zum Sängerbrunnen im Wiental und zurück zum Start. (¾ Std.)

Laabersteigberg 530 m
Roppersberg 507 m
Hochstöckl 473 m

Gipfelsammeln rund um Laab im Walde

Der Laabersteigberg ist sicher ein wandertouristisch benachteiligtes Ziel, obwohl er die höchste Erhebung im näheren Umkreis darstellt.

Im Osten zieht der Lainzer Tiergarten die Aufmerksamkeit auf sich, an den nördlichen Abhängen durchschneidet die Westautobahn das Gebiet und verleiht ihm bei Wanderern eher zweifelhafte Attraktivität. Somit ist der an sich interessante Höhenzug etwas in Vergessenheit geraten. Von Süden, aus dem Laaber Becken betrachtet, schaut's hingegen viel besser aus: viele schöne und einsame Wandermöglichkeiten, deren Höhepunkte eben die Hausberge Laabersteigberg und Roppersberg sind. Der Roppersberg ist der westliche Eckpfeiler des Höhenzuges, zugleich der beste Aussichtspunkt, vor allem Richtung Südwesten, über das Hügelland bis zu Schneeberg und Ötscher. Einst stand hier die Wallberger Hütte dem Wanderer offen, heutzutage müssen wir uns wieder aus dem Rucksack oder in Laab stärken.

In Kombination mit dem Hochstöckl, einem kleinen Aussichtswunder, entsteht eine Wanderrunde, die ganz in der Nähe Wiens viele ungeahnte Eindrücke vermitteln kann.

10. *Viele Berge und viel Wandergenuss*

Breitenfurt-Ost–Laabersteigberg–Roppersberg–Hochstöckl–Sperrberg–Breitenfurt-Ost

Start und Ziel: Breitenfurt-Ost, 285 m.

Anreise: Bus von Liesing nach Breitenfurt-Ost, Station „Grüner Baum". Mit dem Auto: von Wien-Liesing nach Breitenfurt-Ost.

5 ¼ Std., 550 Hm, 19,5 km.

Orientierung: anspruchsvoll.

Karten: WK 011, WA-WW, ÖK50: 58, ÖK50-UTM: 5325.

Einkehr: nur bei Start und Ziel: GH „Grüner Baum" (Mo Di Rt).

Vom GH „Grüner Baum" auf der Hauptstraße zunächst flach, dann leicht abwärts zum so genannten Laaber Spitz. Gerade weiter auf einem Fußweg neben der Straße und bald links ab (rote und rot-grüne Markierung) zum Waldrand. Dann im Wald nach kurzem Anstieg auf die Eichwiese. Dort auf die Forststraße links abzweigen (keine Markierung) und wieder in den Wald.

Durch einen einmalig schönen Baumbestand, über einige Kuppen und Einsattelungen hinweg, zwischen Mittlerem (Pkt. 422) und Hinterem Kaufberg durch und schließlich in einem Linksbogen nach kurzem Abstieg zur Mauer des **Lainzer Tiergartens** (dort wieder rote und rot-grüne Markierung). In westlicher Richtung der Mauer entlang zu einem ganzjährig feuchten Boden (Diebsgraben), dann bei einer großen Lichtung zu einem Unterstand. Rechts weiter Richtung Dreihufeisenberg und damit nach einem weiteren schönen Waldabschnitt zum Laaber Tor. Kurz auf der Straße links und alsbald rechts aufwärts zu einer Kreuzung. Dort wieder rechts und auf der Forststraße zum **Dreihufeisenberg** (515 m), zuletzt am Rande der Tiergartenmauer. (2 ½ Std.)

Links weiter auf dem Bergrücken zu einem Unterstand (Kreuzung mit Nr. 444 und E4). Dann Waldgenuss pur bei der Überschreitung des wenig ausgeprägten **Laabersteigbergs** hinüber zum **Roppersberg**. Dort links ab auf schmalem Weg und zwischen eingezäunten Flächen in Kürze zum Aussichts-Highlight der Tour: gleich nach Durchschreiten des Gatters lohnender Abstecher rechts auf die schöne und locker baumbestandene Wiese mit Panoramablick auf den Bergkranz vom Wienerwald über den Schneeberg zum Ötscher. Dann auf dem Weg hinab zur Siedlung Roppersberg und zur Landstraße. (¾ Std.)

Auf ihr links, nach dem Citroën-Vanas rechts auf dem Plattenbergweg in die Felder. Bei einer Gabelung rechts, dann links abzweigen und hinauf zum höchsten, dank eines Strommastes unverfehlbaren Punkt. Die Aussicht steht jener vom Roppersberg kaum nach und bietet eine eindrucksvolle Schau über Laab hinweg auf die Skyline von Wien. Weiter nun in südöstlicher Richtung zum Waldrand. Etwas links versetzt in den Wald, auf dem Forstweg über die Kuppe des **Plattenbergs** (Nadelwald) und weiter am Rand einer aussichtsreichen Wiese zur Siedlung am **Sperrberg**. Beim ersten Haus links in den Wald, an den Gartenzäunen entlang und links ab zu einem Wasserbehälter. Über den schönen Waldrücken des Sperrbergs hinweg in genau östli-

Blick vom Roppersberg nach Süden.

cher Richtung zu einer blau markierten Forststraße (Schranken). (1 Std.)

Die Forststraße kreuzen, weiter in einem Sattel und steil auf den Hinteren Steingrabenberg (467 m, großer Steinmann). Weiter nach Osten steil in einen Sattel hinab, dann auf einer Schneise, mit Ausblicken mal nach Norden, mal nach Süden, über einen flacheren Rücken und nach kurzem Abstieg auf eine Forststraße (ab hier rote Markierung). Gerade weiter, nach einem Rechtsknick auf eine Wiese, dann durch die Akeleigasse und über eine weitere Wiese zurück zum Ausgangspunkt. (1 Std.)

Vanas–Roppersberg–Vanas

Kurzer Spaziergang zu einem tollen Aussichtspunkt.

Start und Ziel: Scheitelpunkt der Straße zwischen Laab im Walde und Wolfsgraben (Vanas), 368 m.
1 Std., 130 Hm, 2 km; Orientierung: einfach.
Einkehr: keine.

Vanas–Hochstöckl–Vanas

Kurzer Spaziergang zu einem weiteren tollen Aussichtspunkt, gleichzeitig zu einem Gipfel, der im wahren Wortsinn „unter Strom steht" ...

Start und Ziel: Scheitelpunkt der Straße zwischen Laab im Walde und Wolfsgraben (Vanas), 368 m.
1 ¼ Std., 100 Hm, 3 km; Orientierung: einfach.
Einkehr: keine.

Drei Berge 555 m Hochroterd 528 m Lattermaissberg 452 m

Sammelstrecke für „Gipfelgeile"

Drei Berge – und noch viel mehr – stehen auf dem Höhenzug, der in Klausen-Leopoldsdorf ansetzt und im Steinplattl kulminiert.

Die einzelnen Erhebungen tragen keine Namen, sie haben auch keine besonderen Erkennungszeichen, sind ungefähr gleich hoch, durchwegs bewaldet und dementsprechend unauffällig. Also wurde einfach abgezählt: drei Berge! Wer die Gegend erwandert, wird sie meist nur als Intermezzo im Zuge einer Überschreitung betrachten, z. B. zum Hochroterd oder noch weiter bis Rodaun.

Der höchste Punkt bei der Höhensiedlung Hochroterd hat nicht einmal einen Namen, obwohl er viel markanter und mit hervorragender Aussicht versehen ist. Besonders vom Kaiserstein genießt man eine herrliche, wenn auch recht windexponierte Rundschau nach West bis Süd.

Die nahe liegende Kombination Drei Berge–Hochroterd vermittelt jedenfalls Eindrücke vom Wienerwald, wie sie für seinen östlichen, laubwalddominierten Bereich ganz typisch sind, und ist gekrönt durch die schöne Aussicht vom bescheidenen Kaiserstein.

11. Ausgedehnte klassische Höhenwanderung

Pressbaum–Drei Berge–Hochroterd–Ramaseck–Wiener Hütte–Rodaun–Liesing

Start: Pressbaum, 350 m.

Ziel: Liesing, 220 m.

Anreise: Schnellbahn S50 nach Pressbaum.
Mit dem Auto: A1 Abfahrt Pressbaum, zurück zum Start mit der Schnellbahn.

6 ¾ Std., 500 Hm, 24 km.

Orientierung: einfach, Wegverlauf beachten!

Karten: WK 011, WA-WW, ÖK50: 57+58, ÖK50-UTM: 5325.

Einkehr: Pressbaum, Hochroterd: GH Schöny (Mi Do Rt), Wiener Hütte (Do Fr Rt), Rodaun, Liesing.

Kultur: Rodaun: Bergkirche.

Mit roter Markierung zunächst der Bahn entlang, dann links hinab in den Ort. In der Hauptstraße links und alsbald rechts auf der Straße Richtung Klausen-Leopoldsdorf bis zur hohen Autobahnbrücke. Gleich danach links über eine Holzbrücke und anfangs steiler Aufstieg (Kahlschlag) zum **Vorderen Sattelberg**. Auf dem schwach ausgeprägten Steig höher und eine Forststraße kreuzen. Nach einer schönen Wiese (Hochstand) bald wieder in den Wald. Über die Sattelberge in beschaulicher Wanderung zum **Engelkreuz**. (1 ½ Std.)

Nach einer Gegensteigung über die Eins-Zwei-Drei Berge und hinab zu den ersten Häusern von **Hochroterd**. Auf der steilen Hochroterdstraße in zwei Kehren zum GH Schöny. Kurz vorher rechts auf einem Wirtschaftsweg überaus lohnender Abstecher zum Kaiserstein (Aussicht: Schneeberg, Dürre Wand, Lindkogel, Unterberg, Hocheck, Schöpfl). (1 ¼ Std.)

Vom Gasthaus zur nahen Sulzer Straße und in dieser zur Linkskurve. Mit den roten Markierungen gerade weiter, dann wieder auf der Landstraße zur nächsten Kurve. Beim Bildstock (Nr. 41) Richtung Kaltenleutgeben, am Waldrand, dann im schönen Hochwald in leichtem Auf und Ab über den **Vorderen Wöglerberg** in einen Sattel und, den Eichberg links umgehend, zu einer Gabelung. Links weiter und nach einer Schneise wieder links abzweigen (blaue und rote Markierung zur Wiener Hütte).

Auf weiteren Schneisen über den **Hinteren Gernberg**, dann durch herrlichen Buchenbestand mit leichtem Höhenverlust zu einer Forststraße (Ramaseck). Diese kreuzen und zu einem Sportplatz. Mit blauer Markierung über den Lattermaißberg, vorbei am Roten Kreuz, an der Siedlung Gernberg und der Wiener Quelle zur Wiener Hütte. (2 ½ Std.)

Nun weiter auf dem Stadtwanderweg 6 (blaue und rote Markierung) über den Eichkogel. Kurz nach Erreichen einer Mauer rechts auf Steiglein (keine Markierung) steil auf den Rücken des Zugbergs und zum oberen Rand (Vorsicht!) der **Mizzi-Langer-Wand**, einer der einstmals ersten Anlaufstellen für ambitionierte Kletterer aus Wien und Umgebung. Weiter zur nahen Rodauner Pfarrkirche und in der Willergasse links steil hinunter ins Tal der Liesing. Gerade weiter, dann in den Ambrosweg rechts und auf rot-grün markierter Strecke teils neben der Liesing zum Bahnhof. (1 ½ Std.)

Am Waldrand blüht das Pfaffenhütchen.

Wolfsgraben–Tabor–Engelkreuz–Drei Berge–Hochroterd–Großboden–Hochstöckl–Wolfsgraben

Sehr dankbare, aussichtsreiche Runde mit einem ideal gelegenen und gut geführten Einkehrgasthaus auf halber Strecke.

Start und Ziel: Wolfsgraben, 323 m.
3 ½ Std., 300 Hm, 12,5 km.
Karten: WK 011, WA-WW, ÖK50: 58, ÖK50-UTM: 5325.
Orientierung: einfach, obwohl im Bereich des Hochstöckls teils unmarkiert.
Einkehr: Wolfsgraben, Hochroterd: GH Schöny (Mi Do Rt).

Wiener Hütte–Lattermaißberg–Wiener Hütte

Kurzer Gipfelausflug ausgehend von der kinderfreundlichen Umgebung der Wiener Hütte.

Start und Ziel: Parkplatz Wiener Hütte, 380 m.
1 ¼ Std., 80 Hm, 2,5 km.
Orientierung: einfach.
Karten: WK 011, WA-WW, ÖK50: 58, ÖK50-UTM: 5325.
Einkehr: Wiener Hütte (Do Fr Rt).

Lainzer Tiergarten Kaltbründlberg 508 m

Kaiserliches Jagdrevier als Wanderparadies

Der Lainzer Tiergarten ist nicht Zoo im herkömmlichen Sinn, sondern eine große ummauerte Naturanlage mit frei lebenden Wildschweinen, Rehen und Hirschen und in weitläufigen Gehegen gehaltenen Damhirschen, Mufflons, Auerochsen und Wildpferden.

1561 zum kaiserlichen Jagdrevier bestimmt, 1787 vom „armen Schlucker" ummauert, ist er seit 1919 der Allgemeinheit zugänglich und heute einer der bedeutendsten und beliebtesten Erholungsräume in Wien. Attraktionen bietet er speziell für Spaziergänger und Wanderer, für Kinder und Familien, aber auch für Kulturinteressierte, die in der für Kaiserin Elisabeth erbauten Hermesvilla vom Historischen Museum der Stadt Wien gestaltete naturkundliche und kulturhistorische Ausstellungen besichtigen können. Speziell hervorgehoben werden müssen sicher die Wildschwein-Kolonien, die besonders an ihren Fütterungsplätzen in Scharen auftreten, dabei aber – keine Angst! – die Gegend nicht unsicher machen. Der Kaltbründlberg ist der zentrale Gipfel des Areals, bewaldet und daher mit einer Aussichtswarte versehen.

Aus Gründen der Wildschonung bleibt der Tiergarten von Mitte November bis Mitte Februar durchgehend geschlossen. Lediglich der Bereich Lainzer Tor–Tiergehege–Hermesvilla („Hermesvilla-park") ist ganzjährig zugänglich. Zu beachten sind außerdem die wechselnden abendlichen Schließzeiten und die Unterschiede bei den Öffnungszeiten der Tore.

12. Wild und Wald am Stadtrand

Lainzer Tor–Hermesvilla–Rohrhaus–Kaltbründlberg–Hirschgstemm–Glasgrabenwiese–Pulverstampftor–Nikolaitor–Wiener Blick–St. Veiter Tor–Lainzer Tor

Start und Ziel: Wien Hietzing, Lainzer Tor, 265 m.

Anreise: Ab U4 Hietzing mit Linie 60 bis Hermesstraße und 60B zum Lainzer Tor.
Mit dem Auto: von der Speisinger Straße über die Hermesstraße zum Lainzer Tor (großer Parkplatz).

550 Hm, 5 ½ Std., 18 km.

Orientierung: Beschilderung, aber keine Markierung. Wegverlauf beachten (vor allem im Abschnitt nach dem Hirschgstemm)!

Karten: WK 011, WA-WW, ÖK50: 58, ÖK50-UTM: 5325.

Einkehr: Hermesvilla, Rohrhaus, Hirschgstemm.

Kultur: Hermesvilla, Nikolaikapelle.

Vom Lainzer Tor in der prächtigen Rosskastanienallee vorbei an den Wildtiergehegen und am Hohenauer Teich zu einer Gabelung, rechts Richtung Rohrhaus und in Kürze zur **Hermesvilla**. Dort vor der Brücke links (Schild „Waldweg zum Rohrhaus"). Bald über einen Wildzaun (Außengrenze des Hermesvillaparks), dann im Katzengraben zunächst sanft, dann steiler zum Rohrhaus (Spielplatz). Links weiter auf gutem Gehweg zur Hubertuswarte auf dem **Kaltbründlberg** (unterwegs zwei Gatter). (1 ½ Std.)

Finsterer Aufstieg über die Innentreppe zur Aussichtsplattform, von dort prächtiges Panorama: Wiener Großstadtsilhouette, Wiener Becken, Wienerwald, Hainburger Berge, Leithagebirge, Schneeberg, Unterberg, Ötscher.

Weiter in westlicher Richtung, bald schnurgerade über eine steile Schneise und einen Waldweg zum Gasthaus „**Hirschgstemm**". Dort die Gehrichtung beibehalten und auf dem Forstweg in den Wald. Nach einem Rechtsbogen eine Lichtung (Wildschweinfütterung mit Beobachtungsstand).

Bald danach (noch vor einer gut ausgebauten weiteren Wildfütterung) links ab auf einem weniger ausgeprägten Weg in einen urwüchsigen Graben. Ab der Einmündung in den Glasgraben flacher weiter und dem Bächlein entlang über die lange Glasgrabenwiese zu einem Fahrweg. Dort links, am mäandrierenden Lauf des Rotwassers entlang und vorbei an einigen Wildschwein-

plätzen. Kurz vor dem Pulverstampftor zwei überaus expressive Wildschweinskulpturen. Beim Tor den Tiergarten verlassen und neben der Mauer in der Hofjagdstraße (rote Markierung) zum **Nikolaitor**. (2 ½ Std.)
Dort wieder hinein und an einem Spielplatz vorbei Richtung Rohrhaus (am Waldrand die Nikolaikapelle). Nach einigen Kehren bei einer ersten Gabelung links. Im folgenden Sattel (Abzweigung zum Adolfstor) gerade weiter zur Baderwiese mit dem lohnenden Abstecher zum „**Wiener Blick**" (beste Aussicht vom östlichen Rand der Wiese, dort auch beliebter Treffpunkt für Drachensteiger).
Nächstes Ziel ist das **St. Veiter Tor**. Direkt beim kleinen Gedenkstein in den Wald und, einer Schneise folgend, zu einem Wildzaun und auf der anderen Seite links an diesem entlang. Bei der Tiergartenmauer rechts und in Kürze zum kleinen St. Veiter Tor. Richtung **Lainzer Tor** wieder in den Wald, bei einer Gabelung links, dann den Schildern folgend hinaus auf eine Wiese und links, entweder auf der Fahrstraße oder auf dem parallel verlaufenden Waldlehrpfad, zurück zum Ausgangspunkt. (1 ½ Std.)

- **Lainzer Tor–Rundgang Hermesvillapark–Lainzer Tor**
- **Lainzer Tor–Rohrhaus–Hubertuswarte–Rohrhaus–Lainzer Tor**
- **Nikolaitor–Wiener Blick–Nikolaitor**

Lohnende kürzere „Wanderungen" (oder längere „Spaziergänge") zu ausgesuchten Natur- und Kultursehenswürdigkeiten.

Rund um den Lainzer Tiergarten

Großartige beliebte Umrundung, meist an der Tiergartenmauer entlang.

Start und Ziel: beliebig bei einem der Tore.
550 Hm, 6 ½ Std., 23 km.
Orientierung: gute Beschilderung, trotzdem Wegverlauf gut einprägen!
Karten: WK 011, WA-WW, ÖK50: 58, ÖK50-UTM: 5325.
Einkehr: direkt am Weg keine.

Hinterer Föhrenberg 582 m

Wanderknoten über den Weingärten

Die Perchtoldsdorfer Föhrenberge sind genau genommen Schirmföhrenberge, einer von ihnen heißt auch „Parapluieberg".

Bewaldete Gipfel verlangen nach Aussichtswarten. Am Hinteren Föhrenberg steht daher neben der Kammersteiner Hütte die Josefswarte. Hütte und Warte werden gerne besucht, zumal der Zugang von Rodaun, Perchtoldsdorf, Gießhübl oder Kaltenleutgeben recht kurz ist und sich daher für Halbtagsausflüge am Wochenende oder „after work" bestens eignet. Aber auch im Winter sind die zumeist gut begehbaren, breiten Wege und Waldstraßen ein lohnendes Wanderziel.

Der unten vorgestellte Zugang von Mödling ist sicher etwas ungewöhnlich und als Erweiterung zu verstehen. Er erschließt eine zu Unrecht weniger bekannte Wienerwaldecke, die reich gespickt mit Sehenswürdigkeiten und daher sehr empfehlenswert ist. Nach der Aussichts-Einstimmung auf dem Hundskogel (Sittnerwarte) öffnet sich von der Josefswarte auf dem Hinteren Föhrenberg ein Wienerwald-übliches Panorama, diesmal mit Blick auf den Südrand Wiens, ins Kaltenleutgebener Tal und nördlich in den Lainzer Tiergarten. Dass weit im Süden der Schneeberg aufblitzt, ist – zumindest bei guter Sicht – selbstverständlich!

13. Von Heurigenort zu Heurigenort

Mödling–Hundskogel–Gießhübl–Hinterer Föhrenberg–Rodaun

Start: Mödling, 215 m.

Ziel: Rodaun, 220 m.

Anreise: Schnellbahn S1, S2 nach Mödling.
Mit dem Auto: A2-Südautobahn Abfahrt Mödling, Parkplätze am Bahnhof.
Retour zum Start mit Bahn und Straßenbahn.

4 ¾ Std., 650 Hm, 13,5 km.

Orientierung: großteils einfach.

Karten: WK 011, WA-WW, ÖK50: 58, ÖK50-UTM: 5325.

Einkehr: Mödling, Hinterbrühl, GH Kugelwiese (Do Fr Rt), Kammersteiner Hütte (Mo Di Rt, Aug. geschl.), Franz-Ferdinand-Schutzhaus (Do Fr Rt), Rodaun.

Kultur: Mödling: Sakral- und Profanbauten, Ortsbild. Rodaun: Kirche. Ruinen: Schwarzer Turm, Pfefferbüchsel, Römerwand.

Natur: Seegrotte, Naturpark Föhrenberge, Perchtoldsdorfer Heide.

Auf dem rot markierten Beethoven-Wanderweg (Nr. 40) vom Bahnhof in der Bachpromenade die Mödling entlang und in der Achsenaugassse zur Badstraße. Dort rechts zur Hauptstraße und links in die Fußgängerzone. Durch den malerischen Stadtkern zum Schrannenplatz und hinauf zur **Kirche St. Othmar**. Zwischen Kirche und Karner durch und mit roter Markierung (Wegnummer 441, 448) im Zickzack zu einer Wiese und zum „Café-Restaurant Kobenzl". An diesem rechts vorbei und wiederum im Zickzack hinauf zum Schwarzen Turm. Weiter den breiten, teils felsigen, teils aussichtsreichen Rücken (Blick in die Hinterbrühl) entlang und auf einem Waldweg zur **Ruine Pfefferbüchsel**. (1 Std.)
Ab hier deutlich abwärts auf dem grün markierten Gamseckersteig. Dann mit roter Markierung rechts in die Liechtensteinstraße

und weiter durch die Graf-Mailath-Gasse vorbei an der einzigartigen **Seegrotte** (Besuchsmöglichkeit). Links über die Mödling, am Ufer entlang durch die Parkstraße, dann wieder über den Bach und durch die Untere Bachgasse (vorne die Ruine Römerwand) zum GH Weintraube.

Rechts ab in den vorerst recht steilen, rot markierten Weg Nr. 41 zur Sittnerwarte. Nach etwas mühsamem Anstieg kurzer, aussichtsreicher Abstecher zur Ruinenanlage, dann durch eine Föhrenallee sanfter aufwärts, vorbei an einer Marienandacht und neben einer Kleingartensiedlung zu einer Fahrstraße. Auf dieser kurz aufwärts und nach der folgenden Kehre links hinauf zur kleinen Sittnerwarte auf dem **Hundskogel**. Die Aussichtswarte bietet einen schönen Rundblick, bei guter Sicht vor allem auf Wien und sein Becken, aber auch nach Südwesten über das Hügelland hinweg bis zum Schneeberg. (1 Std.)

Weiter nach **Gießhübl** mit blauer und roter Markierung zur Außenringautobahn (Blick auf den Ort und die dahinter ruhenden Hügel der Föhrenberge). Rechts ausweichend unter der Autobahn durch und auf dem 41er-Weg teils über Wiesen, teils durch eine Siedlung bis zum großen Parkplatz (Kinderspielplatz, Bushalt) am Ortsende von Gießhübl.
Über die Wiese (schöner Schneebergblick), dann auf einer zunächst asphaltierten Straße in den Wald und bei einem Rastplatz rechts ab mit roter Markierung Richtung **Kugelwiese**. Bei der folgenden Gabelung auf dem rechten Ast leicht abwärts in einen Graben, dann über eine Wiese hinauf zum GH Kugelwiese. Auf der „Liechtensteiner Höhenstraße" in nordöstlicher Richtung zu einer Waldandacht und bald darauf rechts Beginn des „Gipfelanstiegs" zur Kammersteiner Hütte auf dem **Hinteren Föhrenberg** (Kreuzungspunkt mehrerer Weitwanderwege). (1 ½ Std.)
Abstieg in nördlicher Richtung bis zu einer Kreuzung, dann mit roten Punkten zurück zur Höhenstraße. Auf dieser flach weiter, bald links ab mit grüner Markierung zum Franz-Ferdinand-Schutzhaus auf dem **Parapluieberg** (wunderschöne Aussichtsterrasse).
Von dort zunächst recht steiler Abstieg Richtung Rodaun, vom Rastplatz Bierhäuselberg hinüber zur Sommerbauerwiese und hinab zur wegen ihrer Flora (Trockenrasen), Fauna (Ziesel-Population) und bei Kindern (Drachensteigen) beliebten **Perchtoldsdorfer Heide**. An ihrem linken Rand auf einem Wiesenpfad dahin, bei einem Waldeck links ab und auf steinigem Weg zum Fuß der Lutterwand, eines traditionsreichen Wiener Kletter-Übungsfelsens.
In Kürze hinab in die Waldmühlgasse und zu den ersten Häusern von **Rodaun**. Links über die Bahngleise und rechts in die Kaltenleutgebener Straße zur Hochstraße. Gerade durch eine Wohnhausanlage zur nahen Endstelle der Linie 60. (1 ¼ Std.)

Gießhübl–Hinterer Föhrenberg–Gießhübl

Standard-Spaziergang mit auch kulinarischen Highlights.

Start und Ziel: Gießhübl, Ende der Hauptstraße, 450 m
2 Std., 150 Hm, 5,5 km; Orientierung: leicht.
Karten: WK 011, WA-WW, ÖK50: 58, ÖK50-UTM: 5325.
Einkehr: GH Kugelwiese (Do Fr Rt), Kammersteiner Hütte (Mo Di Rt).

Höllenstein 645 m

Weder höllisch noch steinig!

Der Höllenstein gehört zweifelsfrei zu den „wichtigeren" Wanderzielen im Wienerwald.

Auf dem höchsten Punkt stehen eine Hütte und eine Aussichtswarte. Ihre Hauptattraktion ist der einmalige Blick Richtung Schneeberg, welcher aber auch von der Hüttenterrasse genossen werden kann. Die Schau Richtung Osten auf Wien und das Wiener Becken ist hingegen durch Baumwuchs zunehmend beeinträchtigt. Das Höllensteinhaus ist eine urige Wienerwaldhütte. Im schummrigen Gastraum kann sich an stark besuchten Tagen „dicke Luft" ausbreiten.

Der Höllenstein ist namengebender Kulminationspunkt des Höhenzugs, der bei Perchtoldsdorf seinen Ausgang nimmt und bei der Sulzer Höhe ausläuft. Über den flachen Rücken verläuft die geschotterte Liechtensteiner Höhenstraße und gestattet unbeschwertes Wandervergnügen zu jeder Jahreszeit. Auf den Hauptwegen bekommt der Wanderer die an den Nordhängen angerichteten klaffenden Wunden, die durch mehrere große Steinbrüche verursacht werden, nicht zu sehen. Umso wichtiger erscheint es, ihn auch für solche Wienerwald-Tatsachen zu sensibilisieren!

14. Waldreiche, großteils einsame Höhenrundwanderung

Kaltenleutgeben–Ramaseck–Eichberg–Sulzer Höhe–Höllenstein–Kaltenleutgeben

Start und Ziel: Kaltenleutgeben, 356 m.

Anreise: Bus von Liesing nach Kaltenleutgeben, Station Postamt.
Mit dem Auto: von Wien-Liesing nach Kaltenleutgeben.

4 Std., 450 Hm, 14 km.

Orientierung: einfach, Markierungswechsel beachten!

Karten: WK 011, WA-WW, ÖK50: 58, ÖK50-UTM: 5325.

Einkehr: Kaltenleutgeben, Höllensteinhaus (Mo Fr Rt).

Kultur: Kaltenleutgeben: Kirche.

Auf der Hauptstraße talaufwärts und rechts ab in die Karlsgasse Richtung Sportplatz (rote und blaue Markierung, am Haus Nr. 3 eine Gedenktafel für Mark Twain, der hier einige Monate gewohnt hat). Bald links auf einer Forststraße zu einem Schranken. Rechts abzweigen und auf einem schönen Waldpfad zum Sportplatz. Nun wieder mit roter Markierung (Nr. 41) weiter zum **Ramaseck**.
Dort eine breite Forststraße kreuzen und in gemütlicher Steigung durch herrlichen Hochwald auf den **Hinteren Gernberg**. Über eine breite Schneise zu einer Wiese (bald danach von links einmündende rote Markierung) und nach einer weiteren Schneise zu einer Gabelung. Dort mit blauer, ab einem nahen Holzlagerplatz mit gelber Markierung Richtung Sulzer Höhe. Jenseits der Landstraße vom linken Parkplatzrand auf einem sanft ansteigenden Waldweg auf die aussichtsreiche Wiesenfläche und zum höchsten Punkt der **Sulzer Höhe** (Sender, Aussicht: Wien, Wienerwald, Gutensteiner Alpen, Schneeberg). (2 Std.)

Weiter über den freien Rücken und mit grüner Markierung wieder in den Wald. Bei einer Gabelung auf dem linken Ast Richtung Kreuzsattel. Nächster herrlicher Aussichtspunkt am Wiesenrand

bei der Josef-Schöffel-Hütte der Bergrettung. Dann mit roter Markierung über eine Kuppe zum oberen Rand der Norwegerwiese im **Kreuzsattel**. Bald darauf Abzweigung des anfangs steilen Gipfelanstiegs (Steig, dann Waldweg) zum **Höllensteinhaus**. (1 Std.)
Im Abstieg retour auf dem Waldweg und auf diesem zur Liechtensteiner Höhenstraße. Weiter Richtung Kaltenleutgeben zu einem Spielplatz am Beginn einer Wiese.
Bei der Unterstandshütte links am Wiesenrand entlang, dann im Wald bei der Gabelung rechts weiter (grüne Markierung) bis zum ehem. GH Gaisberg. Auf der Forststraße zum Waldrand, scharf links in den Eisgraben und auf dem stimmungsvollen Waldsteig zurück nach **Kaltenleutgeben**. Unterhalb der Kirche in der Promenadegasse rechts zurück zum Hauptplatz. (1 Std.)

Naturpark Sparbach

Ein stimmungsvoller Mix aus Wäldern, Wiesen, Ruinen, Tiergehegen und freilaufenden Wildschweinen im ersten Naturpark Österreichs. Offen (Eintrittsgebühr) von April–Oktober, in der übrigen Zeit auf Anfrage: Tel. 0316/31 88 48-99, www.naturparke.at.

Start und Ziel: Sparbach, 350 m.
2–3 Std. je nach Strecke, ca. 200 Hm, Distanz je nach Strecke.
Karten: WK 011, WA-WW, ÖK50: 58, ÖK50-UTM: 5325.
Orientierung: einfach.
Einkehr: Naturpark-Kiosk.

Rodaun–Hinterer Föhrenberg–Höllenstein–Sulzer Höhe–Ramaseck–Wiener Hütte–Rodaun

Klassische lange Höhenwanderung rund um das Kaltenleutgebener Tal mit vielen Einkehrmöglichkeiten und vielen landschaftlichen Höhepunkten auf der Strecke.

Start und Ziel: Wien-Rodaun, Endstelle Linie 60.
7 Std., 400 m, 23,5 km.
Karten: WK 011, WA-WW, ÖK50: 58, ÖK50-UTM: 5325.
Orientierung: einfach.
Einkehr: Rodaun, Franz-Ferdinand-Schutzhaus (Do Fr Rt), Kammersteiner Hütte (Mo Di Rt), GH Kugelwiese (Do Fr Rt), GH Seewiese (Mo Di Rt), Höllensteinhaus (Mo Fr Rt), Wiener Hütte (Do Fr Rt).

Anninger 675 m

Waldwandern über Weingärten

Der Anninger ist die dominierende Berggestalt über der Weinregion zwischen Mödling und Baden.

Die reichen landschaftlichen Kontraste mit schattigen Waldwegen, Aussicht ins Bergland, Blick in die Ebene und der immer lockende Heurige machen dieses recht weitläufige kleine „Gebirge" zu einem der beliebtesten Wanderziele im Nahbereich von Wien. Höchster Punkt ist der Anninger-Gipfel mit der kleinen Wilhelmswarte, etwas nördlich steht die weithin sichtbare, markante Sendeanlage auf dem Vierjochkogel. Weitere Hauptziele sind der Husarentempel, die Jubiläumswarte auf dem Eschenkogel, das Anningerhaus, der Pfaffstättner Kogel mit der Rudolf-Proksch-Hütte und der Klesheimwarte.

Die Hütten sind günstig verteilt und Wanderer finden ein Überangebot an markierten und gut beschilderten Wegen, die eine unerschöpfliche Vielzahl an Rundtouren und Varianten ermöglichen. Mit Fantasie und guter Planung ist also immer für Abwechslung gesorgt!

15. Wienerwald-Tour am Alpenrand

Mödling–Husarentempel–Anninger–Goldene Stiege–Mödling

Start und Ziel: Mödling, 215 m.

Anreise: Schnellbahn S1, S2 nach Mödling.
Mit dem Auto: A2-Südautobahn Abfahrt Mödling, Parkplätze am Bahnhof.

4 ½ Std., 450 Hm, 18 km.

Orientierung: leicht, Markierungswechsel beachten!

Karten: WK 011, WA-WW, ÖK50: 58, ÖK50-UTM: 5325.

Einkehr: Mödling, GH „Föhrenhof" (11–24 Uhr), Waldrast „Krauste Linde" (Fr Rt), Anningerhaus (Mo Di Rt), Richardhof, GH Bockerl.

Kultur: Mödling: Sakral- und Profanbauten, Ortsbild. Husarentempel.

Auf dem rot markierten Beethoven-Wanderweg (Nr. 40) in der Bachpromenade die Mödling entlang und in der Achsenaugasse zur Badstraße. Dort rechts zur Hauptstraße und links in die Fußgängerzone. Durch den malerischen Stadtkern zum Schrannenplatz und links in der Kaiserin-Elisabeth-Straße zur Spitalkirche.
Rechts hinaus zur Brühler Straße, unter dem imposanten Aquädukt der 1. Wiener Hochquellenwasserleitung links und über die Mödling. In steilen, doppelläufigen Serpentinen, vorbei an netten Aussichtsplätzen, auf den **Frauensteinberg**. Beim so genannten Glocknergrat malerische Blicke in die Hinterbrühl, zur Burg Mödling, auf Mödling, Wien und hinüber ins Kahlengebirge. Bei einer großen Wegkreuzung weiter mit blauer Markierung (Nr. 43 des gemütlichen „Dreistundenwegs") und zuletzt wieder steilerer Anstieg (gelbe Markierung) zum **Husarentempel**. (1 ½ Std.)

Weißes Kreuz
Kalenderberg
Seegrotte
Schwarzer Turm
Hinterbrühl
Bhf.
R. Pfefferbüchsel
Vorderbrühl
Start+Ziel
Klause
Höldrichsmühle
Kl. Anninger
496
R. Burg Mödling
Mödling
(246)
Kiental
Föhrenhof
Husarentempel
11
Matterhörndl
Brenntenberg
474
Breite Föhre
378
Vorderer Otter
Rehgr.
Toter Mann
Prießnitztal
Steinwand
Sulzwiese
Eichkogel
367
Eschenbrunngr.
Krauste Linde
Maibründl
Kaisergerndl
Eschenkg.
Richardhof
Jubiläumswarte
653
Beital
Anningerhaus
Steinwandlgr.
Thallern
Vierjochkogel
Anninger
Siebenbrunnengr.
Dreidärrischen Höhle
Kalvarienberg
675
Wilhelmswarte
Buchkogel
Rotes Kreuz
Wetterkreuz
Gumpoldskirchen
Bhf.
Lehnstuhl
Start+Ziel
Gr. Schweinkg.
Weinstraße
Kl. Schweinkg.
Pfaffstättner Kg.
Heberlberg
541
Klesheimwarte
Rudolf-Proksch-Htt.
258
Wr. Neustädter Kanal
Kiental
Kl. Kiental
Einödhöhle
212
Einöde
Pfaffstätten
(218)
0
500m
1000m
Bhf.
Start+Ziel
Bhf.

Von diesem Kriegerdenkmal zu Ehren der Lebensretter des Fürsten Liechtenstein 1813 in der Schlacht bei Aspern eine herrliche Schau auf Wien, Mödling und die Burg Liechtenstein. Der Weiterweg zum Anningerhaus ist rot und grün markiert (Josef-Schöffel-Weg Nr. 46). Wegen der verwirrend vielen Wegweiser, -nummern und -farben ist die Karte hier als Orientierungshilfe recht nützlich!

Blick von der Klesheimwarte ins Wr. Becken

Auf dem zunächst großteils eben verlaufenden Abschnitt unterwegs ein schöner Blick Richtung Schneeberg und Unterberg, vorbei am „Matterhörndl" und hinüber in einen guten Fahrweg. Auf diesem rechts (rote Markierung), in Kürze zum GH Krauste Linde, dann zunehmend steil, zunächst gerade, dann kurvig, zum **Anningerhaus**. Unmittelbar davor rechts ab der gelb markierte Abstecher zur **Jubiläumswarte** auf dem Eschenkogel (Aussicht: Wien, Wiener Becken, Wienerwald, Leithagebirge, Voralpen, Schneeberg, Unterberg). (1 ¼ Std.)

Von der Warte wieder zurück zum Schutzhaus und neben dem Kinderspielplatz auf dem 444er (rote und blaue Markierung) Richtung **Richardhof** weiter. Am Waldrand lohnender Abstecher rechts zum Richardhof (Einkehr). Dann retour und zum nahen Rastplatz Prießnitztal. Durch das namengebende romantische Tal hinab Richtung Mödling.

Vom Parkplatz am Waldrand links aufwärts auf dem Steinbruchweg und bei einem Schranken Richtung Goldene Stiege (unterwegs links kleine Steinbrüche, rechts schöne Ausblicke auf Mödling). Beim GH Bockerl rechts und hinab zu einer Ampelkreuzung. Schräg rechts durch die Friedrich-Schiller-Straße zur Badstraße, in diese links und auf bekannten Spuren zurück zum Bahnhof. (1 ¾ Std.)

Gumpoldskirchen–Kalvarienberg–Wetterkreuz–Anninger–Anningerhaus–Dreidärrischen-Höhle–Gumpoldskirchen

Eine Einstimmung mit allen Anninger-typischen Eindrücken und Aussichten und daher ein feiner Mix aus Kultur- und Naturgenuss.

Start und Ziel: Gumpoldskirchen, 210 m.
3 Std., 450 Hm, 9,5 km.
Karten: WK 011, WA-WW, ÖK50: 58, ÖK50-UTM: 5325.
Einkehr: Gumpoldskirchen, Anningerhaus (Mo Di Rt).

Pfaffstätten–Pfaffstättner Kogel–Kleines Kiental–Einödhöhlen–Pfaffstätten

Kurzer Anstieg zu einer Gipfelhütte mit Aussichtswarte. Rückkehr über eine Erlebnishöhle.

Start und Ziel: Pfaffstätten, 218 m.
2 Std., 350 Hm, 7 km.
Karten: WK 011, WA-WW, ÖK50: 58, ÖK50-UTM: 5325.
Einkehr: Pfaffstätten, Rudolf-Proksch-Hütte (Fr Rt).

Mödling–Vorderbrühl–Husarentempel–Krauste Linde–Anningerhaus–Eschenkogel–Anninger-Gipfel–Pfaffstättner Kogel–Richardhof–Prießnitztal–Mödling

Die Tour für Maximalisten, die praktisch den ganzen Anninger auf einen Schlag erleben wollen: Kleinstadt-Romantik, Wald- und Weinbergwandern sowie viel Aussicht, z. B. von der Wilhelmswarte (Wienerwald, Wien und sein Becken, Leithagebirge, Hainburger Berge, Kleine Karpaten, Lindkogel, Schneeberg, Ötscher).

Start und Ziel: Bf Mödling.
6 ¼ Std., 600 Hm, 23 km.
Karten: WK 011, WA-WW, ÖK50: 58, ÖK50-UTM: 5325.
Einkehr: Mödling, Vorderbrühl, GH Föhrenhof 11–24 Uhr, Waldrast „Krauste Linde“ (Fr Rt), Anningerhaus (Mo Di Rt), Rudolf-Proksch-Hütte (Mi Rt), Veiglhütte (Sa So bew.), Richardhof, GH Bockerl.
Kultur: Mödling: Sakral- und Profanbauten, Ortsbild. Husarentempel.

Hoher Lindkogel 834 m

Großer Wanderberg am östlichen Alpenrand

Der Hohe Lindkogel ist neben dem Schöpfl der zweite Topgipfel des Wienerwaldes.

Er steht am Rande der Thermenlinie und seine Waldkämme fallen direkt ins Wiener Becken ab. Daher ergeben sich hier, neben dem obligaten weitreichenden Panorama, die größten Höhenunterschiede: 600 Meter vom Helenental bis zum Gipfel sind nicht ohne, für den Wienerwald jedenfalls untypisch, und ein gutes Training für größere Wanderziele.

Die Gipfelregion ist bestens erschlossen, bietet Einkehr und eine historische Aussichtswarte.

Der Wienerwald offenbart am Lindkogel sein ganzes Repertoire, bestehend aus Laubwald, Nadelwald, steilen Anstiegen, Höhenwegen, kurzen und ganz schön langen Touren, einsamen und geselligen, schmalen und breiten Wegen, und sogar eine kurze gesicherte Felspassage ist unweit des Gipfels eingestreut. Auch die Basis bietet abwechslungsreiche Wanderungen, vom zu Recht viel besungenen „Wegerl im Helenental" über den touristischen Kultplatz Mayerling bis hin zu den reizvollen Übergängen zwischen Waldhängen und Weinbergen im Südosten. Und selbst im Winter ist am Lindkogel mehr los als anderswo; bei ausreichender Schneelage kommen sogar Skitourengeher herauf und genießen, im Idealfall hoch über dem Nebelmeer, den Kontrast zwischen wohlig-warmer Hütte und klarer, kalter Wienerwaldluft.

16. Streckenwanderung mit allen Wienerwald-Finessen

Mayerling–Zobelhof–Lindkogel–Helenental–Baden

Start: Mayerling, 315 m.

Ziel: Baden, 232 m.

Anreise: Bus von Mödling oder Baden nach Mayerling. Mit dem Auto: Autobahn A21 Abfahrt Alland und nach Mayerling. Retour zum Start mit dem Bus.

5 Std., 600 Hm, 18,5 km.

Orientierung: einfach.

Karten: WK 011, WA-WW, ÖK50: 58, ÖK50-UTM: 5325.

Einkehr: Mayerling, Moststüberl (Mo Di Rt, Dez.–März Mo–Do Rt), Schutzhaus Eisernes Tor (Mo Rt, Juli geschl.), GH Cholerakapelle, Baden.

Kultur: Mayerling: Jagdschloss. Helenental: Ruinen. Baden: Sakral- und Profanbauten, Ortsbild.

1889 hat Kronprinz Rudolf, einziger Sohn von Kaiser Franz Joseph I., im kaiserlichen Jagdschloss in **Mayerling** seinem Leben ein Ende gesetzt und die 17jährigen Baronesse Mary Vetsera mit in den Tod genommen. Bis heute ranken sich unzählige Spekulationen und Mythen um diese Tragödie, durch die sich eine kleine Siedlung zur großen touristischen Pilgerstätte mausern konnte.

Wanderstart ist direkt neben dem Karmelitinnenkloster, dem ehemaligen Jagdschloss und historischen Tatort: auf einer Brücke über die Schwechat und beim Parkplatz (GH Mayerling) links (gelbe und rote Markierung, Nr. 42). Bald von der Privatstraße rechts ab (gelbe Markierung) auf eine Wiese (kaum Wegspuren) und zu einem Waldeck.

Im Wald um die Bischofsmütze herum und hinauf zum Steinhof. Dort vom Fahrweg links ab, durch einen ausgedehnten Laubwald und anschließend über eine Wiese (Baumreihe). Auf einem Feldweg mit geringem Höhenverlust zu einem verträumten Bauernhof

(Pelleritzer). Nach einem Flachstück und einem kurzen Anstieg in einen Wiesensattel: lohnender Abstecher zum nahen Zobelhof: „Moststüberl", Reithof, Schneebergblick! (1 ½ Std.)
Zurück zum Waldrand zum Beginn des rot markierten Aufstiegs zum Hohen Lindkogel. Auf der „Eisernetorstraße" großteils im Wald höher. Abseits der Forststraße über einen kurzen Aufschwung, dann flacher hinüber zum Hirschenkreuz. Dort auf einem Steig zum höchsten Punkt mit dem „Schutzhaus Eisernes Tor" und der bereits 1856 erbauten und im wesentlichen im Urzustand erhaltenen **Sinawarte**. (1 Std.)
Aussicht: Wien, Wiener Becken, gesamter Wienerwald, Kleine Karpaten, Hainburger Berge, Leithagebirge, Bucklige Welt, Wechsel, Gutensteiner Alpen (Hohe Wand, Unterberg), Schneeberg und in der Ferne der Ötscher. Neben der Aussicht ist auch das Interieur des Schutzhauses sehenswert, vor allem der großzügig ausgestattete lichte Gastsaal mit seiner Holzvertäfelung.
Ab nun geht's nur bergab, aber Baden ist noch recht weit weg! Durch das **„Eiserne Tor"** (rote und blaue Markierung, Nr. 42, 404, 448) und auf dem Rücken zur Micro-Ferrata des Brenner-Steigs (einige Sicherungen, die bei nassem Laub oder Schneeauflage ihren Zweck durchaus erfüllen können!). Dann jenseits einer kleinen Kuppe über den schönen Waldrücken sanft abwärts zu einem großen Grenzstein und einem Rastbankerl.
Hier Beginn des grün markierten Abstiegs durch den Kalkgraben ins Helenental. Im romantischen, von zahlreichen Felsformationen flankierten Waldgraben zur Einmündung in den rot markierten Weg vom Jägerhaus und hinaus zur **Antonsgrotte** im Helenental. (1 Std.)
Rechts einschwenken in das viel besungene, mit der nüchternen Wegnummer 40 und einer roten und grünen Markierung versehene **„Wegerl im Helenental"**. Nach zwei schönen Wiesen zum Geplätscher und Rauschen der Schwechat. Bis Baden am rechten Ufer entlang, unterwegs eine felsdurchsetzte Talenge, dann die Hauswiese (links zwischen dem Geäst die imposante Ruine der Raubritterburg Rauhenstein), am Stadtrand der zentrale Giebelaufsatz der ehemaligen **Weilburg**. Weiter in der Weilburgstraße vorbei an für Baden typischer klassizistischer und biedermeierlicher Profanarchitektur. Dann über die Kaiser-Franz-Josef-Brücke zum belebten Josefsplatz. Entweder gleich zum Bahnhof (via

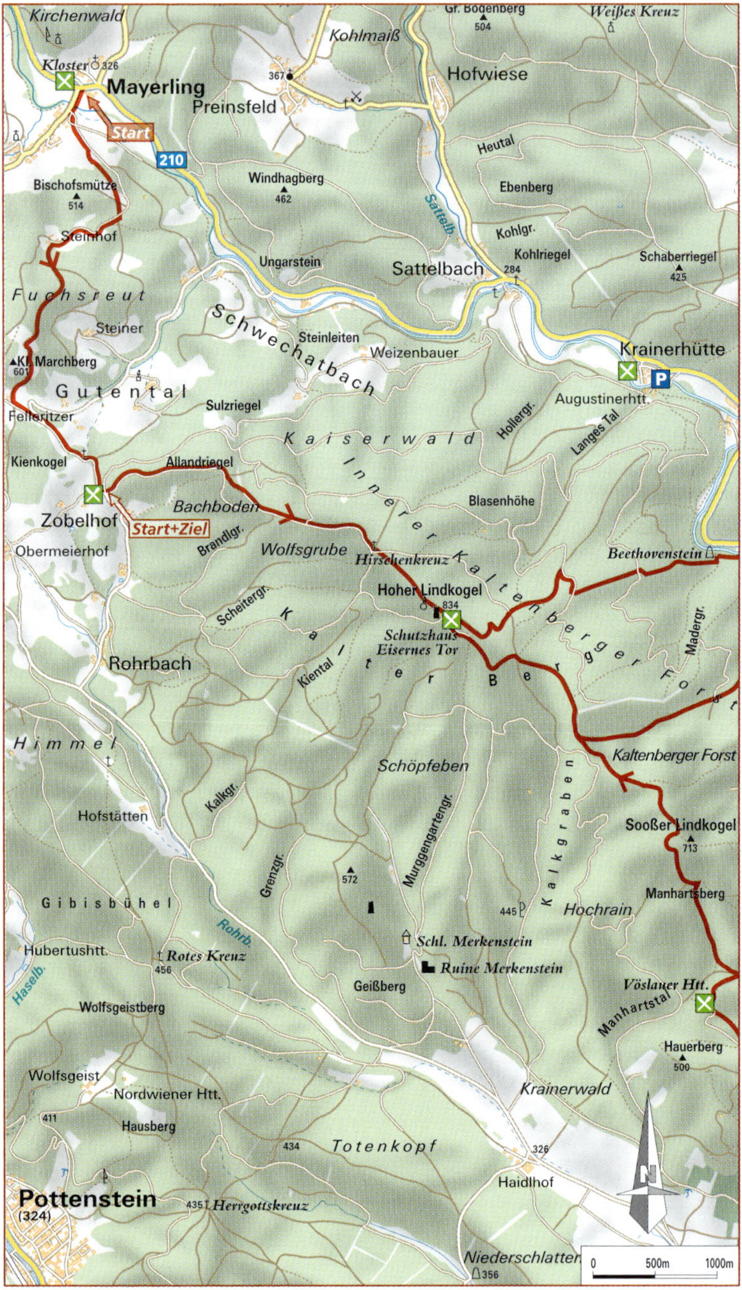
Kirchenwald
Kloster 326
Mayerling
Preinsfeld
Kohlmaiß
Gr. Bodenberg 504
Weißes Kreuz
Hofwiese
Start
210
Heutal
Bischofsmütze 514
Windhagberg 462
Ebenberg
Steinhof
Ungarstein
Sattelbach
Kohlgr.
Kohlriegel 284
Schaberriegel 425
Fuchsreut
Steiner
Schwechatbach
Steinleiten
Weizenbauer
Krainerhütte
Kl. Marchberg 601
Gutental
Sulzriegel
Augustinerhtt.
Felleritzer
Kaiserwald
Hollergr.
Langes Tal
Kienkogel
Allandriegel
Innerer Kaltenberger Forst
Blasenhöhe
Zobelhof
Bachboden
Start+Ziel
Obermeierhof
Brandlgr.
Wolfsgrube
Hirschenkreuz
Beethovenstein
Hoher Lindkogel 834
Schutzhaus Eisernes Tor
Scheitergr.
Kalter Berg
Madergr.
Rohrbach
Kiental
Himmel
Schöpfeben
Kaltenberger Forst
Hofstätten
Kalkgr.
Murggengartengr.
Kalkgraben
Sooßer Lindkogel 713
Grenzgr.
572
Gibisbühel
445
Hochrain
Manhartsberg
Rohrb.
Schl. Merkenstein
Hubertushtt.
Rotes Kreuz 456
Ruine Merkenstein
Haselb.
Geißberg
Vöslauer Htt.
Manhartstal
Wolfsgeistberg
Hauerberg 500
Wolfsgeist
Nordwiener Htt.
Krainerwald
411
Hausberg
434
Totenkopf
326
Haidlhof
Pottenstein (324)
435 Herrgottskreuz
Niederschlatten 356
0 500m 1000m
N

Gaaden
(323)
Reisetberg
Schlößlwald
Waldwiesen
Gr. Buchtal
Lauskogel
397
Buchkogel
Zweieichen
(423)
Tennberg
Ausjagboden
Wetterkreuz
Pfaffengr.
Siegenfeld
Rauchwiese
Lehnstuhl
Rotes Kreuz
437
Hühnerberg
Gr. Schweinkg.
Kl. Haselgr.
Tennspitz
Kl. Schweinkg.
Gr. Haselgr.
Pfaffstättner Kg.
Rosental
Brandgr.
Klesheimwarte 541
Rudolf-Proksch-Htt.
Viehtrift
Große Einöd
Kiental
Kl. Kiental
Rosental
Purb.
Einödhöhle
Jungendbrunnen
Einöde
Kleespitz
444
Schwarzberg
Helenental
Mitterberg
Theresienwarte
Siebenbründlleiten
Cholerakapelle
R. Rauhenstein
Start+Ziel
St. Helena
Kaiserspitz
Badner Lindkogel
582
210
Kalkgr.
R. Rauheneck
Bhf.
Königshöhle
Ziel
Jägerhaus
210
232
227
Sieghartstalgraben
Baden
240
Fieberkreuz
Die Steinbrunn
Sooßer Wald
Sooß
(251)
Langer Graben
232
Hartberg
Gradental
Teichwiesen
Mariazeller Zwickel
Waldandacht
478
Jubiläumswarte
466
Bhf.
Bad Vöslau
(276)
Harzberg
Stb.
Hupfenberg
Start
Steinernes Kreuz
256
239
Ramsauern
Gainfarn
(288)

Franz-Josef-Ring) oder gemütlicher Ausklang im Zentrum (Spaziergang zu Kaffee und Kuchen etc.). (1 ½ Std.)

Zobelhof–Lindkogel–Zobelhof

Pferdefarm, Moststüberl und Schneebergblick am Start, Gipfelhütte und Aussichtswarte auf dem höchsten Punkt.

Start und Ziel: Zoblhof, 570 m.
2 ½ Std., 300 Hm, 7 km.
Karten: WK 011, WA-WW, ÖK50: 58, ÖK50-UTM: 5325.
Orientierung: einfach.
Einkehr: Moststüberl (Mo, Di Rt, Dez–März Mo–Do geschl.), Schutzhaus Eisernes Tor (Mo Rt, Juli geschl.).

Helenental–Beethovengrat–Lindkogel–Brennersteig–Kalkgraben–Helenental

Kindgerechte Kraxeltour mit recht großem Höhenunterschied.

Cholerakapelle–Wegerl im Helenental bis Beethovenstein–Beethovengrat–Forststraße rechts, Steig links zur nächsten Forststraße, rechts zu markiertem Anstieg zum Lindkogel. Abstieg wie Hauptroute (siehe oben) zurück ins Helenental.

Start und Ziel: Helenental, GH Cholerakapelle, 260 m.
3 ½ Std., 600 Hm, 8,5 km.
Karten: WK 011, WA-WW, ÖK50: 58, ÖK50-UTM: 5325.
Orientierung: anspruchsvoll.
Einkehr: GH Cholerakapelle, Schutzhaus Eisernes Tor (Mo Rt, Juli geschl.).

Bad Vöslau–Harzberg–Vöslauer Hütte–Sooßer Lindkogel–Lindkogel–Helenental–Baden

Die extensive Lindkogel-Wanderung.

Start: Bad Vöslau, 276 m.
Ziel: Baden, 232 m.
6 Std., 650 Hm, 21 km.
Karten: WK 011, WA-WW, ÖK50: 58+76, ÖK50-UTM: 5201+5325.
Orientierung: einfach.
Einkehr: Restaurant Harzberg (Mo Di Rt), Vöslauer Hütte (Mi Rt), Schutzhaus Eisernes Tor (Mo Rt, Juli geschl.), GH Cholerakapelle.

PEILSTEIN 716 m

Die ganze Vielfalt des Wienerwalds

Der Peilstein ist weder der höchste noch der bekannteste Gipfel im Wienerwald, aber sicherlich der vielseitigste und einer der meistbesuchten.

Einerseits stellt er ein lohnendes Wanderziel dar, mit einer bestens geführten Hütte auf dem Gipfel, andererseits – und hier liegt seine eigentliche Besonderheit – ist der Peilstein das Kletter-Eldorado schlechthin für Wien und Umgebung. Seit der Zwischenkriegszeit gelten die nahe der Hütte ansetzenden Wandfluchten als ideale Trainingsfelsen für höhere Ziele in den gesamten Alpen. Mit der Sportkletterbewegung hat in den 70er-Jahren auch für den Peilstein eine neue Ära begonnen, in der das sukzessive Hinaufschrauben der Schwierigkeitsgrade immer wieder Neuland erschließen ließ. Und diese Entwicklung ist heute noch nicht beendet, der Peilstein ist auch im 21. Jahrhundert jung geblieben.

Wanderer genießen vom leicht erreichbaren oberen Rand der Felsabstürze (Vorsicht!) die Ausblicke ins Voralpenland (Hocheck, Unterberg), zum Schneeberg, zur Wallfahrtskirche Hafnerberg, ins obere Triestingtal und zum Schöpfl. Diese Aussicht zählt sicher zu den lohnendsten und romantischsten im gesamten Wienerwald und rechtfertigt mit all den anderen Eigenschaften des Peilsteins seinen hervorragenden Ruf als Berg für alle Jahreszeiten, für entspannte und adrenalinhaltige Lebensphasen, für Jung und Alt, für sommer- und winterfeste Wanderer.

17. Wälder, Felder und Felsen

Alland–Maria Raisenmarkt–Peilstein–Hafnerberg–Altenmarkt/Triesting

Start: Alland, 331 m.

Ziel: Altenmarkt/Triesting, 400 m.

Anreise: Bus von Mödling oder Baden nach Alland. Mit dem Auto: Autobahn A21 Abfahrt Alland. Retour zum Start am besten per Taxi.

4 Std., 550 Hm, 13,5 km.

Orientierung: leicht.

Karten: WK 011, WA-WW, ÖK50: 57, ÖK50-UTM: 5325.

Einkehr: Alland, Maria Raisenmarkt, Peilsteinhaus (Nov.–März Mo Di Rt, April–Okt. Di Rt, Mitte Juli bis 2. Augustwoche geschl.), Mostheuriger „Karner" (variable Öffnungszeiten), Hafnerberg, Altenmarkt.

Kultur/Natur: Alland: Kirche, Tropfsteinhöhle. Maria Raisenmarkt: Wallfahrtskirche. Arnsteinhöhle, Ruine Arnstein. Nöstach: Kirchenruine. Hafnerberg: Wallfahrtskirche. Altenmarkt: Pfarrkirche.

Vom Hauptplatz auf der Straße nach Hainfeld über die Schwechat und durch den südlichen Ortsrand. Bald links ab Richtung Tropfsteinhöhle (Naturdenkmal, Besichtigung April–Okt. Sa So Ft 9–17 Uhr, Aug., Sept. auch werktags 13–16.30 Uhr) und zum Parkplatz. Dort auf dem **Allander Wanderweg** Nr. 8 (gelbe Markierung) um den Buchberg herum zu einem aufgelassenen Steinbruch. Dann vom Karrenweg rechts ab auf eine Wiese, an ihrem linken Rand entlang (unterwegs ein Zaun) und nach einem Waldstück auf die folgende Wiese (links Blick auf Mayerling). Rechts ab auf schmalen Pfad und wieder in den Wald. Auf zunehmend besserem Weg hinab zum Untermeierhof (Kontakt mit roter Markierung 01, 06, NÖ. LRWW, E4) und in südlicher Richtung durch flaches Wiesengelände hinüber nach **Maria Raisenmarkt**. (1 Std.)

Von der Landstraße vor der Kirche (Innenraum schönes Beispiel für eine kleine barocke Filialkirche) rechts ab und am Waldrand zu einer Abzweigung. Links auf einem Waldweg aufwärts (einige kleine Felsformationen). Wiederum links abzweigend auf einem Steig über stolperträchtiges Wurzelwerk zum Bergrücken und zur **Ruine Arnstein**. Direkt an den Felsen lohnender kurzer Abstecher (unmarkiert) zur imposanten Arnsteinhöhle (tertiäre Brandungshöhle, zahlreiche Extremkletterrouten). Oberhalb ragt die Arnsteinnadel aus dem Wald heraus. Auf dem markierten Weiterweg mit wenigen Schritten zur romantischen Ruine Arnstein.

In ihrer Gesamtheit erinnert diese Gegend an sagen- und märchenhaft verklärte mittelalterliche Zeiten, und auch der folgende flachere Wegabschnitt durch herrlichen Wald über den **Schloßberg** (Pkt. 606) hinweg trägt zum entspannten Wandererlebnis bei. Nach Überqueren einer Fahrstraße der letzte Aufschwung (unterwegs von rechts Einmündung eines Wanderwegs – diese Stelle merken!) und über den Waldrücken weiter zum **Peilsteinhaus** auf der Gipfellichtung. (1 ¼ Std.)

Lohnender kurzer Abstecher: zum Wald (Übungsanlage) und an der Bergrettungshütte vorbei zur Geländekante (Vorsicht, steile Felsabstürze, romantischer Blick in den Wienerwald, zu Hocheck, Schöpfl und auf den Hafnerberg).

Retour zur oben erwähnten Einmündung, nun links, Abstieg zum Waldrand und flach hinüber zu einem Bildstock bei der Siedlung Holzschlag. Dort links weiter Richtung **Hafnerberg**. Durch Wald und über freie Flächen zum Mostheurigen Karner, dann zur Landstraße, von dieser bald wieder links ab und bei einem Hof erneut zu einer Landstraße. Auf dieser links zur bereits seit einiger Zeit sichtbaren Landmarke der Wallfahrtskirche Hafnerberg. (1 ¼ Std.) Gleich nach dem GH „Zum Kleinen Semmering" mit roter Markierung zunächst links, dann rechts, an einem Anwesen entlang und in einen oft rutschigen Graben. Die Landstraße und den Bach überqueren und kurz hinauf zu einer Siedlung. Dann links hinab zur Bundesstraße und auf der anderen Seite an einem Sportplatz vorbei zur Bahnhaltestelle Altenmarkt. (½ Std.)

Schwarzensee–Peilstein–Schwarzensee

Die kürzeste Gipfeltour mit zwei Einkehrstationen.

Start und Ziel: Schwarzensee, 530 m.
1 ½ Std., 200 Hm, 2,5 km.
Karten: WK 011, WA-WW, ÖK50: 57, ÖK50-UTM: 5325.
Orientierung: einfach.
Einkehr: Peilsteinhaus (Nov.–März Mo Di Rt, April–Okt. Di Rt, Mitte Juli bis 2. Aug.woche geschl.), Peilsteinhütte (bew. Sa So Ft, Juli/Aug. geschl.).

Maria Raisenmarkt–Peilstein–Maria Raisenmarkt

Verwunschen-romantische Waldwanderung zu Fels, Höhle und Ruine.

Start und Ziel: Maria Raisenmarkt, 371 m.
2 ½ Std., 350 Hm, 6,5 km.
Karten: WK 011, WA-WW, ÖK50: 57, ÖK50-UTM: 5325.
Orientierung: einfach.
Einkehr: Maria Raisenmarkt, Peilsteinhaus (Nov.–März Mo Di Rt, April–Okt. Di Rt, Mitte Juli bis 2. Aug.woche geschl.), Peilsteinhütte (bew. Sa So Ft, Juli/Aug. geschl.).

Jochgrabenberg 645 m Steinplattl 649 m

www = WaldWanderWellness

Vor langer, langer Zeit stand auf dem Gipfel des Jochgrabenbergs eine Aussichtswarte.

Heute befindet sich dort ein weithin sichtbarer Sender, doch dieser lässt logischerweise keinerlei Besteigung zu: „Betreten verboten!" Als Trost bieten im Gipfelbereich einige Lichtungen durchaus ansprechende Ausblicke sowohl Richtung Hoher Lindkogel als auch Richtung Schöpfl und somit immerhin zu höchster Wienerwald-Prominenz. Und an klaren Tagen werden auch Schneeberg und Ötscher ihre Aufwartung machen!

Ein echtes Wienerwald-Stiefkind ist hingegen das Steinplattl. Die Höhe ist ja nicht übel, sogar ein Weg führt zum Gipfel hinauf, aber markiert hat ihn bisher niemand. Die blauen Farben, die den Steig über den Höhenzug von Klausen-Leopoldsdorf bis zu den Drei Bergen bezeichnen, machen südlich um den Gipfel herum einen Umweg. Auch Aussichtswarte und Hütte gibt es weit und breit keine, dafür immerhin ein exklusives Gipfelbuch und ein kleines Gipfelkreuz.

Das Steinplattl ist und bleibt ein Refugium für Genießer, die großer Abgeschiedenheit und beschaulichem Walderlebnis den Vorzug geben gegenüber ausgetretenen Stadtrandpfaden.

Die Kombination dieser beiden Gipfelziele ergibt einen ausgefüllten Wandertag, an dem etliche Höhenmeter zusammenkommen, an den Orientierungssinn einige Anforderungen gestellt werden und auch der Rucksack mit Proviant gefüllt sein sollte, denn Einkehrmöglichkeit gibt's nur bei Start und Ziel in Pressbaum.

18. Viel Waldeinsamkeit und ein wenig Aussicht

Pressbaum–Pfalzberg–Kaiserbrunn–Jochgrabenberg–Steinplattl–Hengstl–Drei Berge–Pressbaum

Start und Ziel: Pressbaum, 315 m.

Anreise: Schnellbahn S50 nach Pressbaum.
Mit dem Auto: A1 Westautobahn Abfahrt Pressbaum.

6 ½ Std., 800 Hm, 22 km.

Orientierung: einfach.

Karten: WK 011, WA-WW, ÖK50: 57+58, ÖK50-UTM: 5325.

Einkehr: Pressbaum.

Vom Bahnsteig nach Wien mit roter Markierung an den Gleisen entlang und links hinab zur Hauptstraße. Dort rechts und alsbald links aufwärts in der Josef-Nemecek-Straße (Schild zum Kaiserbründl, unterwegs ein Schöffel-Gedenkstein). Unter der Autobahnbrücke durch (eindrucksvoll!) und auf einem Forstweg nach einer Rechtskurve zu einer Gabelung. Links ab zu einer solitären Föhre (Bild) und neben einer Wiese in den lärmdämmenden Wald. Nach einer Lichtung (Ausblicke nach Osten, Stromleitung) wieder im Wald zur Siedlung am Pfalzberg. Bald darauf die Abzweigung (gelbe Markierung) zum Kaiserbründl, dem gefassten Ursprung des Wienflusses, hier noch treffend Dürre Wien genannt. Weiter

um den Kaiserbrunnberg herum und dann ein Stück der Landstraße entlang. Dann über die Straße und wieder mit roter Markierung Richtung **Jochgrabenberg**. Noch einmal zur Straße, dann zu einer Kreuzung beim Gipfelabstecher. Beste Aussicht (Schneeberg) von der Abzweigung. (1 ¾ Std.)

Zurück zur Kreuzung und in allgemein südlicher Richtung hinab zur Lichtung Oberkniewald, diese rechts umgehen und weiter, teils auf Forststraße, teils auf Steig (Wechsel beachten!), ins Agsbachtal. Auf der Straße rechts, bis auf einer Lichtung ein Forsthaus auftaucht. Scharf links Beginn des rot markierten Anstiegs (verdeckte Tafel) zum **Steinplattl**. Auf dem Forstweg in einen Sattel (Schranken) und links auf einer breiten Schneise (keine Markierung) zur Gipfelkuppe des Steinplattls (kleines Kreuz, Steinmann, Gipfelbuch). (1 ½ Std.)

Auf dem Waldrücken weiter zu einer Schneisengabelung mit dem „Wegbuch am Steinplattl". In der linken Schneise (ab hier blaue Markierung) hinüber zum Hengstl (kein Gipfelbuch, dafür zwei Steinmänner). Abstieg in östlicher Richtung (unterwegs verlässt die blaue Markierung die Schneise Richtung Kleinhöniggraben) und auf die folgende Kuppe. Weiter auf einer natürlichen Hochschaubahn in allgemein nordöstlicher Richtung auf der Schneise in einen Sattel, auf eine unbenannte Kuppe, dann über die nächste Welle hinüber zum Pkt. 578 und schließlich auf den Pkt. 555, den nördlichen der **Drei Berge**. (1 ½ Std.)
Nun links mit roter Markierung Abstieg zu einer Forststraße und auf dieser zum Engelkreuz. Auf einem Steig über die drei Sattelberge, deren höchste Erhebungen aber immer umgangen werden, dann zunehmend steiler Abstieg zur A1 und über eine Holzbrücke zur Landstraße. Rechts nach **Pressbaum**, auf der Hauptstraße links und gleich wieder rechts retour zum Ausgangspunkt. (1 ¾ Std.)

Pfalzberg–Kaiserbrunn–Jochgrabenberg–Pfalzberg

Waldspaziergang mit Gipfelblick und Kaiserbründl-Besuch.

Start und Ziel: Siedlung Pfalzberg, 500 m.
2 Std., 200 Hm, 6 km.
Karten: WK 011, WA-WW, ÖK50: 57, ÖK50-UTM: 5325.
Orientierung: einfach.
Einkehr: keine.

Blick vom Jochgrabenberg auf Wien und die Kleinen Karpaten.

ROSSGIPFEL 633 m

Exklusivgipfel für Wienerwald-Feinspitze

Der Roßgipfel erhebt sich zwischen Schöpfl und Höllenstein inmitten ausgedehnter Waldlandschaften und ist der exklusivste Wienerwaldgipfel überhaupt.

Eigentlich müsste das, was über das Steinplattl geschrieben steht, für den Roßgipfel in noch viel größerem Maße zutreffen. Aber einige Besonderheiten haben diesen vor allem bei Wienerwald-Spezialisten – und nur ein Roßgipfel-Kenner darf sich als solcher bezeichnen – einen speziellen Ruf eingebracht. Und das, obwohl ihm im Grunde alle wichtigen Eigenschaften fehlen, die einen attraktiven Wienerwaldberg ausmachen: Hütte, Aussicht, Aussichtswarte, Markierungen, verkehrsgünstige Lage. Aber – und jetzt kommt's – er besitzt einen speziellen Gipfelbereich. Erstens steht da ein Gipfelkreuz. Ein recht bescheidenes, das man im Sommer, wenn alles zuwächst, erst finden muss. Und zu einem richtigen Gipfelkreuz gehört auch ein Gipfelbuch, in dem jeder erfolgreiche „Roßgipfler" seine bergsteigerische Leistung und seine Eindrücken festzuhalten pflegt.

Warum der Roßgipfel außerdem einen Besuch wert ist? Wegen der wild wuchernden stacheligen Brombeersträucher, die im Frühherbst unermesslichen Reichtum an Früchten bieten – natürlich nur für diejenigen, die sich vorher kratzfest adjustiert haben!

19. Nur mit Karte und Kompass!

Klausen-Leopoldsdorf–Weidenbach–Roßgipfel–Hanefbach–Alland

Start: Klausen-Leopoldsdorf, 375 m.

Ziel: Alland, 331 m.

Anreise: Bus von Baden nach Klausen-Leopoldsdorf. Mit dem Auto: Autobahn A21 nach Alland und weiter nach Klausen-Leopoldsdorf. Retour zum Start mit dem Bus.

3 ¼ Std., 350 Hm, 10,5 km.

Orientierung: anspruchsvoll, nur mit Kompass!

Karten: WK 011, WA-WW, ÖK50: 57+58. ÖK50-UTM: 5325.

Einkehr: Klausen-Leopoldsdorf, Alland.

Kultur: Klausen-Leopoldsdorf: Kirche. Alland: Kirche.

Gleich bei der Kirche in die Straße Richtung Kaltenleutgeben und dem Hainbach ca. 2 km entlang zum Haus Nr. 259. Rechts in die „Hainbachtalstraße" der ÖBF (rote Markierung, Weg Nr. 448) und sanft ansteigend in einen Sattel südlich des Lichtriegels. Schräg links weiter auf einem einfacheren Waldweg, dann links ab, über einen Bach, bald darauf von einem Rücken links hinab auf eine Forststraße und auf die Lichtung Weidenbach.
Bei der großen Fichte links (Schranken) und gleich darauf beim weißen Grenzstein mit Kreuz rechts über das Bacherl und über die Wiese zum Waldrand (Forststraße). Durch eine schmale Schneise in südöstlicher Richtung aufwärts zu einer Forststraße. Auf dieser kurz links und rechts weiter auf einem Waldweg. Dieser driftet rechts ab, dort gerade weiter in der Schneise über eine Kuppe (Sandsteine) und im herrlichen Buchenhochwald auf den Bergrücken und links zum nahen **Roßgipfel** (Brombeeren). (1 ½ Std.)
Steiler Abstieg in südsüdöstlicher Richtung auf einer breiteren Schneise, dann im flacheren Bereich mit leichtem Rechtsknick auf

einem Waldweg links um eine Kuppe (Brombeeren) zu einem Forstweg. Auf diesem rechts, an einem Hochstand vorbei und auf eine weitere Kuppe. Über den sanft abfallenden Rücken (Lichtung mit Hochstand und Brombeeren, dann rechter Hand Aussicht zu Schöpfl und Ötscher) zu einer Forststraße mit Umkehrplatz (weißer Grenzstein Nr. 51 mit Kreuz). Am linken Rand der Aufforstung (Blick zum Anninger) weglos hinab, dann auf der Forststraße rechts weiter.

Bei einer Gabelung links ab und zu einem Holzlagerplatz (Orientierungstafel für die Allander Wanderwege). Links an der Tafel vorbei, auf dem Weg Nr. 1 in den Wald hinein. Bei der ersten deutlichen Gabelung (vorher feuchter Wegabschnitt) von der Markierung rechts ab und in südlicher Richtung weiter. Auf dem Karrenweg über einen Rücken, dann an einer Lichtung mit Hochstand vorbei und am Rande einer Wiese wieder zum Weg Nr. 1.

Ab jetzt auf ihm bis **Alland**: rechts an der lang gestreckten Wiese am Waldrand entlang, ab der so genannten Umkehreiche auf einer Forststraße mit Waldlehrpfad. Einmündung in eine rote Markierung, mit dieser unter der A21 durch und in Kürze zum Hauptplatz mit Gasthaus und Bushalt. (1 ¾ Std.)

KOHLREITBERG 516 m
BUCHBERG 469 m

Unbekannter Mittelpunkt des Wienerwalds

Nicht immer ist die verkehrsgünstige Lage eines Berges gleichbedeutend mit großem Besucherandrang.

Nehmen wir zum Beispiel den Kohlreitberg: Viele werden ihn nicht einmal kennen, obwohl sie schon wiederholt auf der Weststrecke, egal ob Autobahn oder Bahn, direkt an seinem Fuß vorbeigefahren sind. Dabei ist er ganz gut erschlossen und die Aussicht ist sogar hervorragend. Die den Hauptkämmen vorgesetzte Lage ermöglicht einen guten Eindruck von der Ausdehnung des gesamten Wienerwalds und weiter nach Südwesten ins Voralpenland und darüber hinaus. Kurz und gut, ein lohnender Wanderberg! Auf dem Gipfel wurde einst eine Hütte geführt, heute ist es eine nette Tierpension (Pferde, Hunde, Ziegen etc.). Trotz dieser Qualitäten ist der Kohlreitberg nur verhältnismäßig wenigen Wanderern näher bekannt.

Aber das kann sich ja ändern. Zumal sich jetzt in Kombination mit dem wieder in Betrieb genommenen „Schutzhaus am Buchberg" nördlich von Neulengbach eine überaus lohnende Rundtour und neue Wienerwald-Wanderhorizonte eröffnen.

20. Großzügige Rundtour: einsam, wald- und aussichtsreich

Eichgraben–Buchberg–Neulengbach–Kohlreitberg –Eichgraben

Start und Ziel: Eichgraben, 315 m.

Anreise: Regionalbahn R50 nach Eichgraben-Altlengbach.
Mit dem Auto: Westautobahn A1 Abfahrt Altlengbach und nach Eichgraben.

5 ¾ Std., 650 Hm, 24 km.

Orientierung: Wegverlauf und Beschreibung beachten!

Karten: WK 011, WA-WW, ÖK50: 57, ÖK50-UTM: 4324+4330.

Einkehr: Eichgraben, GH Spanseiler (Mo Di Rt), Schutzhaus am Buchberg (Mo Rt), Neulengbach.

Kultur: Laurenzikapelle. Neulengbach: Schloss, Kirche, Ortsbild.

Vom Bahnhof in der Kirchenstraße hinab in den Ort und auf der Hauptstraße links zu einer Gabelung. In der Huttenstraße zum Hotel Wienerwald und zur Wiener Straße. Gerade weiter und alsbald rechts ab in die steile Bergstraße (grün-gelbe Markierung Nr. 3). Durch die Siedlung hinauf zum Waldrand, dort links und nach kurzem Anstieg hinab in einen Sattel (Wiese) und rechts zu einer Kreuzung.

Links weiter (ab hier blaue Markierung) auf einem Karrenweg wieder in den Wald, zunächst leicht aufwärts und, wo der Weg flacher wird und vorne eine Lichtung auftaucht, scharf rechts und auf schmalem Steig hinauf zu einem Waldrücken. Dann links einschwenken und in nordwestlicher Richtung weiter. Am Rand von Feldern (Ausblicke nach Nordosten) zu einer Straße, auf dieser zu einer Kreuzung und links zum GH Spanseiler (Ausblicke nach Südwesten). (1 ½ Std.)

Bald nach dem Wirtshaus rechts in den Wald, dann auf einer Landstraße (aussichtsreich und windexponiert) zur Siedlung Burgstall. Dort links, nach der Reithalle rechts ab und recht steil durch die Buchbergstraße zum Schutzhaus am Buchberg mit tollem Panorama. (1 Std.)

Auf der Straße kurz retour, dann mit gelber Markierung auf einem Karrenweg in den Wald. Bei der folgenden Gabelung rechts (blaue Markierung) zur **Laurenzikapelle** (dort Ausblick nach Westen über die angrenzenden Felder hinweg zum Haspelwald).

Links weiter und nach einem Waldabschnitt neuerlich Einmündung in die gelbe Markierung (schöner Blick auf Schloss und Kirche von Neulengbach sowie zu den südlich anschließenden Wienerwald-Höhenzügen und zu den Voralpen. Auf der Straße durch die Siedlung Almersberg abwärts. In **Neulengbach** über den Anzbach, dann links hinauf zum Klosterberg und in den historischen Ortskern. (¾ Std.)

Über den Hauptplatz zur B44 und unter der Westbahn zum Beginn des rot markierten Aufstiegs zum Kohlreitberg. Anfangs leicht ansteigend in der Dreiföhrenstraße durch eine Villensiedlung, dann flacher in ein Tal und zu einem Bauernhof. Dort rechts ab und durch schönen Wald zur **Dreiföhrenkapelle**.

Auf stark zerpflügtem Karrenweg links, zuletzt am Waldrand (schöne Ausblicke nach Südwesten) zum Hagenhof. Weiter in östlicher Richtung zu einer Gabelung am Waldrand. Von dort über den Waldrücken des **Kleinen Weinberges** (keine Markierung) zur Siedlung Kohlreit und auf aussichtsreicher Straße zur Tierpension auf dem Kohlreitberg. (1 ½ Std.)
Zurück zur Landstraße und auf ihr links Richtung Eichgraben, ab Götzwiesen wieder mit blauer Markierung. Nach einem Rechtsbogen von der Straße links ab und einer Hecke entlang hinüber zum Burhof. Auf der Straße bald zu der ersten Häusern von Eichgraben und durch die Burwegstraße und die Stelzhammerstraße steil hinunter zum Ausgangspunkt. (1 ¼ Std.)

Eichgraben–Buchberg–Neulengbach

Der Nordabschnitt als Streckenwanderung.

Start: Eichgraben, 315 m.
Ziel: Neulengbach, 250 m.
3 Std., 300 Hm, 13,5 km.
Orientierung: Wegverlauf und Beschreibung beachten!
Karten: WK 011, WA-WW, ÖK50: 57, ÖK50-UTM: 4324+4330.
Einkehr: Eichgraben, GH Pepi Tant (Mo Di Rt), Neulengbach.

Neulengbach–Kohlreitberg–Eichgraben

Der Südabschnitt als Streckenwanderung.

Start: Neulengbach, 250 m.
Ziel: Eichgraben, 315 m.
2 ¾ Std., 300 Hm, 10,5 km.
Orientierung: Wegverlauf und Beschreibung beachten!
Karten: WK 011, WA-WW, ÖK50: 57, ÖK50-UTM: 4330.
Einkehr: Neulengbach, Eichgraben.

Schöpfl 893 m

Die Nummer eins im Wienerwald!

Auf dem Schöpfl-Gipfel atmet der Wanderer die „dünnste" Wienerwald-Luft! Höhenakklimatisation ist bei einer Wienerwald-Rekordhöhe von 893 m aber noch keine erforderlich! Und für eine Rast ist auch vorgesorgt:

Knapp unter dem Gipfel steht eine Hütte und eine Aussichtswarte gibt's natürlich auch. Dass sie eine einmalige Rundumschau garantiert, kann sich jeder leicht denken. Sie allein ist bei guter Sicht den Aufstieg wert!

Trotz dieser guten Wander-Infrastruktur muss man dem Schöpfl zugute halten, dass er nur zu Fuß erreichbar ist. Das mag heutigen Anschauungen entsprechen, war aber z. B. in den automobilvernarrten 1960er- und 70er-Jahren sicherlich nicht selbstverständlich. Und prominent genug war der Schöpfl sicher schon damals!

Wanderer schätzen den Schöpfl sehr und kommen immer wieder gerne herauf. Nicht in Scharen, dafür ist Wien zu weit weg, aber in schöner Regelmäßigkeit, um neben der Aussicht auch die langen Kammwege zu genießen, die im Wiental ihren Anfang nehmen, weite, waldreiche Gegenden erschließen und nach Westen ins Bauernland des „Wiesenwienerwalds" überleiten.

21. Höhenrunde durch Wald und Bauernland

Laaben–Schöpfl–Klammhöhe–Stollberg–Laaben

Start und Ziel: Laaben, 347 m.

Anreise: Bus von Altlengbach (Schnellbahn S50) nach Laaben.

6 ½ Std., 800 Hm, 22 km.

Orientierung: einfach.

Karten: WA-WW, ÖK50: 56+57, ÖK50-UTM: 4330.

Einkehr: Laaben, Schöpflhütte (bew. März–Silvester, im Juli Urlaubssperre, Mo Rt), GH Lintner (Mo Di Rt), Gföhlberghütte (Sa ab 12, So Ft 9–19 Uhr).

Vom Hauptplatz kurz auf der Straße Richtung Forsthof und mit roter und gelber Markierung zum **Schöpfl** rechts ab. Bald über Wiesen und durch Wälder zu einem ersten Anwesen, dann auf der Zufahrt zum nächsten Hof und im Wald zur privaten Hagentaler Hütte. Bei einem weiteren Bauernhof an den Rand einer aussichtsreichen Wiesenfläche, zu einem Bildstock und am Zaun eines großen Reithofes entlang zum Waldrand. Hier Beginn des Schöpfl-Anstiegs: auf dem recht steilen Heinrich-Gith-Steig im Hochwald in Serpentinen höher zu einem Brunnen. Dann hinaus auf den Bergrücken und in Kürze zur Hütte (schöne Rundschau ins Laabental und ins nördliche Niederösterreich). (1 ¾ Std.)

„Bombenaussicht" erst von der Aussichtsplattform der nahen Matraswarte: im Norden Wienerwaldausläufer und das Donautal, Wald- und Weinviertel. Nach Osten die sendergekrönten Häupter einiger Wienerwaldkuppen und die Felsabstürze des Peilsteins, mit viel Glück sogar die Silhouette von Wien! Nach Süden primär der Schneeberg, aber auch Unterberg, Reisalpe und Gippel. Weiter im Westen das breit gelagerte Trapez des Ötschers und bei ausgezeichneter Fernsicht Hochschwab und Großer Priel im Toten Gebirge.

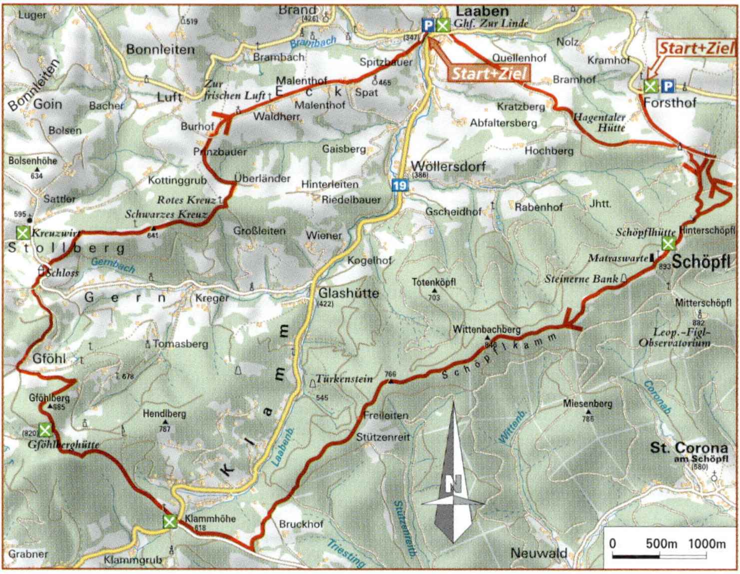

Dem Aussichtsrausch folgt eine Höhenwanderung vom Feinsten über den meist bewaldeten Bergrücken hinüber zur **Klammhöhe**, mit reizvollen Durchblicken ins Bauernland: mit roter Markierung an der Wildenauerrast vorbei, dann über einen Wiesenstreifen und den wenig ausgeprägten Wittenbachberg (oftmaliger Wechsel zwischen Laub- und Nadelwald). Nach dem Pkt. 766 ein Linksknick und durch einen Hohlweg deutlich abwärts zur Einmündung des vom Türkenstein heraufführenden Steigs. Dann ein nach Regen und zur Zeit der Schneeschmelze meist länger matschiger Waldabschnitt. Nach einem großen Holzlagerplatz hinaus auf eine Wiese, vom Feldweg rechts ab zum Bruckhof und auf der Landstraße rechts in Kürze zur Klammhöhe und zum GH Lintner.

Dort Beginn des blau markierten Anstiegs zur neuen Gföhlberghütte: zunächst am Rand der Skiwiese, dann im Wald zu einer Gabelung und links weiterer mittelsteiler Anstieg (unterwegs Aussicht) zur in einer Waldlichtung stehenden neuen Hütte. (2 ½ Std.) Weiter mit nun roter Markierung auf den nahen Gipfel (Abstecher zum Gipfelsteinmann, keine Aussicht). Auf dem Steig bald über eine Aufforstungsfläche (Aussicht nach Norden) und über den Rücken in einen Sattel. Dort nun wieder mit blauer Markierung

links ab zu einer Wegkreuzung bei der Siedlung **Gföhl**. Mit grüner Markierung auf dem Fahrweg in nördlicher Richtung nach Stollberg, dort kurz auf der Landstraße (Schloss).
Nach der Linkskurve rechts (Schild „Burhof, Eck, Laaben") und in Kürze auf eine Weidefläche (Schöpflblick). Über den Rücken gemütlich weiter (am linken Waldrand das Schwarze Kreuz) und nach einer Waldstrecke zu einer beschilderten Kreuzung. (Das Rote Kreuz befindet sich etwas abseits zwischen den Bäumen.) Links ab und über eine freie Fläche (Elektrozäune!) zum **Burhof**. Auf einem Fahrweg vorbei an mehreren direkt auf dem Bergrücken stehenden Höfen. Wo die Straße beim letzten Hof scharf links abbiegt, gerade weiter in den Ort, beim Hotel „Zur Post" über den Laabenbach und zurück zum Start. (2 ¼ Std.)

Forsthof–Schöpfl–Forsthof

Der direkte Gipfelanstieg, vorbei an einem großen Reithof zur großen Aussicht.

Start und Ziel: GH Forsthof, 564 m.
2 Std., 330 Hm, 5 km.
Orientierung: einfach.
Karten: WA-WW, ÖK50: 57, ÖK50-UTM: 4330.
Einkehr: GH Forsthof (Mo Di Rt), Schöpflhütte (bew. März–Silvester, im Juli Urlaubssperre, Mo Rt).

Im Abstieg nach Laaben: Blick auf Brand.

GFÖHLBERG 885 m

So hoch und doch so unbekannt!

Der Gföhlberg ist die Nummer zwei im Wienerwald. Nur 8 Meter niedriger geraten als sein östlicher Nachbar, der Schöpfl, zeigt er ein gänzlich anderes Gesicht: auf dem Gipfel weder Hütte noch Warte noch Aussicht. Der bergsteigerische Lohn reduziert sich auf den banalen Anblick von Bäumen, Sträuchern und moosbedecktem Sandstein. Immerhin führt ein markierter Weg hinauf – nicht ganz, denn der höchste Punkt wird respektvoll umrundet. Dort ruht ein ehrwürdiger großer Steinmann, sicherlich eine Rarität im Wienerwald und im gesamten Voralpenland.

Der Gföhlberg gehört bereits zum westlichen, so genannten „Wiesenwienerwald". Er ist im Gipfelbereich gänzlich bewaldet, seine Zustiege führen aber durch liebliches und aussichtsreiches Bauernland. Daraus schöpft er seinen besonderen Reiz: ein Spannungsverhältnis, welches in aller Ruhe und Einsamkeit erlebt werden kann.

Jüngst wurde der Gföhlberg aber ordentlich aufgewertet: Die Gföhlberghütte bietet sich seit 2003 als willkommene und empfehlenswerte Einkehrmöglichkeit unweit des Gipfels an.

22. Abenteuerliche Tagestour mit beachtlichem Höhenunterschied

Kaumberg–Valeriehöhe–Klammhöhe–Gföhlberg–Hainfeld

Start: Kaumberg, 470 m.

Ziel: Hainfeld, 440 m.

Anreise: Südbahn nach Leobersdorf, dann Triestingtalbahn nach Kaumberg-Markt.
Mit dem Auto A21 nach Alland, über Hafnerberg nach Altenmarkt und B18 nach Kaumberg. Retour zum Start mit der Bahn.

7 Std., 900 Hm, 21,5 km.

Orientierung: recht anspruchsvoll, Beschreibung beachten!

Karten: WA-WW, ÖK50: 56+57; ÖK50-UTM: 4330.

Einkehr: Kaumberg, Klammhöhe: GH Lintner (Mo Di Rt), Gföhlberghütte (Sa ab 12, So Ft 9–19 Uhr), Hainfeld.

Kultur: Kaumberg: Kirche. Hainfeld: Kirche.

Von der Bahn auf der Zufahrt hinab zur B18 und rechts in der Hauptstraße durch den Ort. Mit blauer Markierung rechts, unter der Bahn durch und bald über Weideflächen (Gatter) und unter einer Stromleitung zu einem Bildstock. Auf dem Güterweg zum nahen Bauernhof und links (Schild Großreith, Schuh) zum Waldrand. In der Kehre auf einem steilen, schwach ausgeprägtem Steig (blaue Markierung) weiter, bald die Straße überqueren und hinauf zu einem Kreuz. Links über den Waldrücken zur **Kleinreither Höhe** (Kreuz, Bankerl, schöne Aussicht: Ruine Araburg, Hocheck, Schneeberg). (1 Std.)
Weiter nach Westen, auf und ab über die Bramerhöhe und, die Markierung verlassend, leicht ansteigend auf der Zufahrt zum Herbst-Hof und weiter zum **Jula-Hof** (erste links stehende Holzscheune merken!). Von dort in Kürze auf die Valeriehöhe, den

nächsten tollen Aussichtspunkt. (Voralpen, Schneeberg, Rax, Hochschwab, Ötscher und an selten-klaren Tagen sogar Totes Gebirge!).

Zurück zum Jula und bei der Holzscheune (siehe oben) schräg links und im Wald auf einem Weg ca. 50 m vorwärts. Dort scharf links auf einem weiteren Waldweg und immer die nordwestliche Richtung beibehaltend auf diesem zwischendurch verengten, dann wieder gut ausgeprägten Weg (zuletzt Stacheldraht) hinab auf eine Wiese und zu einer Scheune. Auf dem Feldweg nach

Norden (Strauchreihe) und zu einem Wildzaun. An diesem auf gutem Forstweg links entlang zum Scheiberhof und auf der Zufahrt zur **Klammhöhe** (GH Lintner). (2 Std.)

Weiter mit blauer Markierung, zunächst am Rand einer Wiese, dann im Wald zu einer Gabelung und links Anstieg zur auf einer Waldlichtung errichteten **Gföhlberghütte** (Aussicht kurz vor Erreichen der Hütte). (½ Std.)

Nun mit roter Markierung auf den nahen Gföhlberg-Gipfel (zuletzt vom schmalen Steig Abstecher zum Gipfelsteinmann,

keine Aussicht). Weiter zu einer Aufforstungsfläche (Aussicht nach Norden) und über den Rücken in einen Sattel. Nun wieder mit blauer Markierung links ab zu einer Wegkreuzung bei der Siedlung Gföhl. (½ Std.)
Weiter westwärts an den steilen Hängen des Kasbergs entlang zum Sonnleiten-Hof (Pferde). Auf dem rot markierten WWW 04 über den Pkt. 720 und – ab hier ohne Markierung – auf dem aussichtsreichen Höhenrücken zum Reisenegger und über den Pkt. 774 (beste Aussicht!) zur kleinen **Hinteregg-Kapelle**. Gerade weiter in den nahen Wald und über die folgende Kuppe.
Dann links (weglos) absteigen auf eine bereits vom Forstweg gut sichtbare Weide. Über diese in einen Graben und auf dem Weg hinaus zum tierreichen **Pöllhof**. Im Hof rechts (rote Markierung) und über eine ausgedehnte und aussichtsreiche Wiesenfläche, auf der der Wegverlauf nicht immer evident ist (Karte beachten, einige Elektrozäune). Nördlich vom Vollberg bei einer Kapelle in den Wald und auf der Forststraße zum „Kämpf" (Blick auf Hainfeld). Weiter hinab zu den ersten Häusern, bald über die Bahn und rechts zum nahen Bahnhof. (2 ½ Std.)

Klammhöhe–Gföhlberghütte–Gföhlberg-Gipfelrunde–Klammhöhe

Der kürzeste Gföhlbergzustieg! Im Umkreis der neuen Hütte eine Inflation an Spendertafeln.

Start und Ziel: Klammhöhe, Parkplatz GH Lintner, 618 m.
1 ½ Std., 300 Hm, 5 km.
Karten: WA-WW, ÖK50: 56+57; ÖK50-UTM: 4330.
Orientierung: einfach.
Einkehr: GH Lintner (Mo Di Rt), Gföhlberghütte (Sa ab 12, So Ft 9–19 Uhr).

Kukubauerwiese 782 m

Was für ein Name! Was für eine Aussicht!

Hier haben wir es mit dem wohl eigentümlichsten Namen eines Wienerwaldgipfels zu tun.

Er ist schon seit gut hundert Jahren eingebürgert, aber im Bewusstsein nicht unbedingt fest verankert. Zum Beispiel wird beim Bahnhof Kreisbach auf einem alten Wegweiser eine Verbindung zu einem „Gugerbauer" hergestellt, nördlich vom Gipfel gibt es einen „Kukubauer", beim Oberhackenbauer steht auf einem Wegweiser wiederum etwas von einer „Kukuckbauerhütte". Einigkeit herrscht also derzeit keine!

Schon die Begriffsverwirrung kann also neugierig machen. Die beachtliche Wienerwald-Höhe und der Umstand, dass auf dem Gipfel eine Hütte steht, tragen das Übrige dazu bei, dass diese „Wiese" zu Recht viele Besucher hat. Neben der prächtigen Aussicht (ins Voralpenland, zu den höheren Kalkgipfeln und nach Norden auf St. Pölten und sein Hinterland), die man auf den verschiedenen Anstiegen serviert bekommt, wartet auf allen Wegen friedliches Bauernland mit Viehweiden, Ackerflächen und Höfen mit diversem Haustierbestand. Kurz: eine ländliche Bergwelt, entspannend und erholsam. Wo sie ist? In der Fortsetzung der Linie Schöpfl–Gföhlberg, westlich des Durlaßpasses, zwischen Michelbach im Norden und Gölsental im Süden, und mit der Bahn über die Strecke St. Pölten–Leobersdorf bestens erschlossen.

Genug der Worte – der Wanderer soll Schritte setzen!

23. *Eine Überschreitung, wie sie im Buche steht!*

Unterrohrbach–Kukubauerwiese–St. Veit an der Gölsen

Start: Unterrohrbach, 402 m.

Ziel: St. Veit/Gölsen, 369 m.

Anreise: Regionalbahn R12 von St. Pölten über Traisen nach Rohrbach/Gölsen.
Mit dem Auto: von St. Pölten über B20 und B18 nach Unterrohrbach. Von Wien über die A1 (Abfahrt Altlengbach) und die Klammhöhe nach Hainfeld und weiter nach Unterrohrbach. Retour zum Start mit der Bahn.

4 Std., 450 Hm, 13 km.

Orientierung: einfach, Markierungsverlauf beachten!

Karten: WA-WW, ÖK50: 56, ÖK50-UTM: 4330.

Einkehr: Unterrohrbach, Kukubauerhütte (bew. April–Okt. Mi–So, Nov.–März Sa So Ft jeweils 10–20 Uhr), St. Veit/Gölsen.

Kultur: St. Veit/Gölsen: Kirche.

Mit blauer Markierung von der Bahn durch die Durlaßstraße Richtung Kukubauerwiese. Zunächst durch eine Siedlung, dann dem Durlaßbach entlang in den Wald. Dort bald links ab, zügig aufwärts und am Rand einer Wiese zum Wagenhof. Auf einem Güterweg links weiter, bei der Gabelung rechts und bald aus dem Wald auf eine aussichtsreiche Wiesenfläche. In einem weiten Rechtsbogen zum folgenden Bauernhof. Kurz danach scharf links (rote Markierung) und auf dem Fahrweg zur **Kukubauerhütte**. (1 ½ Std.) Lohnender Abstecher zum höchsten Punkt (Heimkehrerkreuz, Aussicht: Reisalpe, Unterberg, Ötscher, Schneeberg, Hohenstein, Wienerwald).

Weiter in nordwestlicher Richtung über den idyllischen Waldrücken (rote und gelbe Markierung, unterwegs der „Föhrenbigl“: Bankerl bei zwei Föhren mit „Alpenblick“), danach in einem Sattel über ein Gatter, alsbald vorbei an der tiefblauen Windkreuzkapelle und nach einem Waldstück zu einer Gabelung oberhalb vom Göllersreiter. Mit der gelb-roten Markierung des Schwarzenbacher RWW 3 links ab und an einigen Bauernhöfen vorbei zum **Roßwürger**.
Hier den Fahrweg verlassen und über eine Wiese (kaum Steigspuren) in südwestlicher Richtung leicht ansteigend zum Waldrand. In leichter Querung den Kamm der **Schwarzengruberhöhe** überschreiten und auf schmalem Waldsteig hinab zu einem aufgelassenen Hof. Dann ein kleiner Nadelwald und auf einer Wiese zu einer Abzweigung. Mit gelber Markierung zum Waldrand (Schranken), gleich danach rechts und bald am Wiesenrand ohne Weg und mit schöner Aussicht abwärts.

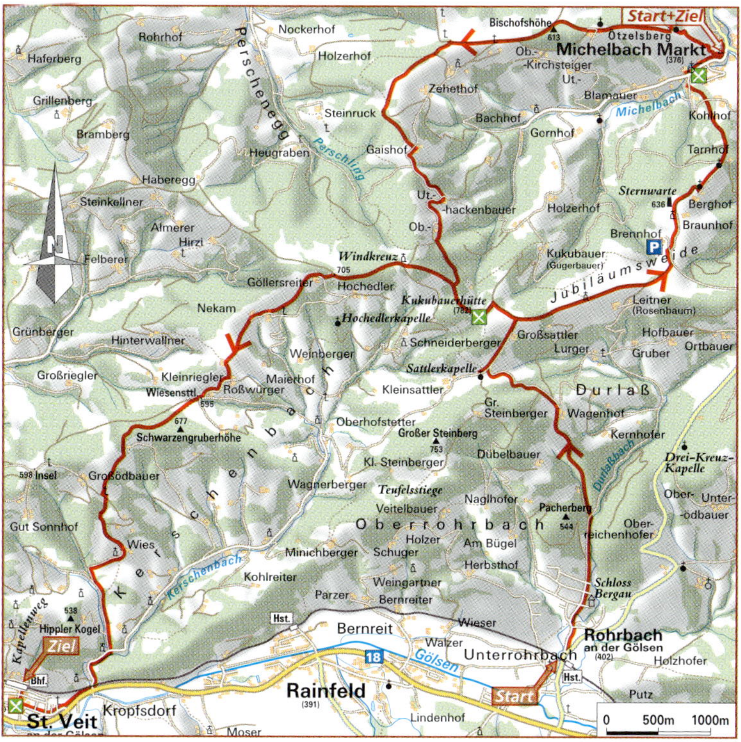

Kukubauerhütte

Nach einem weiteren Holzzaun zum Wieshof. Auf Asphalt ins Tal und hinaus zu einem Steinbruch mit interessanter Sedimentierung. Rechts zur B18 und wieder rechts nach **St. Veit an der Gölsen**. Im Ort bei einer Gabelung auf dem rechten Ast zum Spielplatz, dort ein letztes Mal rechts und in Kürze zum Bahnhof. (2 ½ Std.)

Michelbach-Markt–Bischofshöhe–Gaishof–Kukubauerwiese–Jubiläumsweide–Michelbach-Markt

Der oben beschriebenen Südvariante in nichts nachstehende, aber mit öffentlichen Verkehrsmitteln schlechter erschlossene Runde.

Start und Ziel: Michelbach-Markt, 376 m.
4 Std., 500 Hm, 11,5 km.
Karten: WA-WW, ÖK50: 56, ÖK50-UTM: 4330.
Orientierung: bis zum Gaishof genaues Kartenstudium erforderlich.
Einkehr: Michelbach-Markt: GH „Zur Taverne" (Mo Di Rt), Kukubauerhütte (bew. April–Okt. Mi–So, Nov.–März Sa So Ft jeweils 10–20 Uhr).

Jubiläumsweide–Kukubauerhütte–Jubiläumsweide

Vom Durlaßpass mit Auto erreichbarer Ausgangspunkt für einen schnellen, aber trotzdem nachhaltigen Kurzbesuch.

Start und Ziel: Parkplatz am Beginn der Jubiläumsweide, 630 m.
1 ½ Std., 150 Hm, 4,5 km.
Karten: WA-WW, ÖK50: 56, ÖK50-UTM: 4330.
Orientierung: einfach.
Einkehr: Kukubauerhütte (bew. April–Okt. Mi–So, Nov.–März Sa So Ft jeweils 10–20 Uhr).

Hegerberg 655 m

Für jeden etwas und für alle viel

Der Hegerberg ist ein recht typischer Wienerwald-Gipfel: Er trägt eine Hütte, die sich dank Fahrstraße zum beliebten Ausflugsgasthaus gemausert hat, und einen Sender.

Aussichtswarte braucht er keine, denn die breite Gipfelwiese öffnet die Schau von Norden (Weinviertel) über Osten (Wienerwald) nach Süden (Voralpen).

Der Hegerberg gehört bereits zum neuerdings treffenderweise so genannten „Wiesenwienerwald" und zeigt an seinen Hängen und auf dem bis zum Stollberg reichenden Südrücken (Hochstraß) neben Wald auch aussichtsreiche Acker- und Weideflächen, welche dem Wanderer viel Abwechslung und neue landschaftliche Eindrücke bescheren. Obschon es im Gipfelbereich bei strahlendem Wochenend-Sonnenschein recht lebhaft zugehen kann, bleiben die von allen Seiten herauff ührenden Wanderwege mäßig frequentiert und garantieren daher den gewünschten friedlichen Wandergenuss.

24. Wälder, Wiesen, Aussichten, Bäche

Böheimkirchen–Eichberg–Hegerberg–Böheimkirchen

Start und Ziel: Böheimkirchen, 250 m.

Anreise: Regionalbahn R50 nach Böheimkirchen. Mit dem Auto: A1 Abfahrt Böheimkirchen und zum Bahnhof.

5 ½ Std., 550 Hm, 22,5 km.

Orientierung: einfach, Wegverlauf beachten!

Karten: WA-WW, ÖK50: 56, ÖK50-UTM: 4330.

Einkehr: Böheimkirchen, Hegerberghütte, Furth: GH Strohmayer.

Kultur: Böheimkirchen: Kirche. St. Peter am Anger: Kirche.

Auf der Zufahrt zum Bahnhof hinunter zur Landstraße, dort links und gleich rechts durch die Wolfberggasse zu einem Marterl. Jenseits der Perschling hinauf zur Hauptschule, an ihr entlang und hinab zum Ufer des Michelbachs. Flussaufwärts in Kürze zum wuchtigen Bahnviadukt, dort über den Bach und am jenseitigen Ufer (gelbe Markierung) an einer BMX-Anlage und einem Sportplatz vorbei zu einem Schranken vor einer Siedlung. Links auf einem Wegerl zur Landstraße. Auf ihr kurvenreich durch die Siedlung Reith und unter der A1 nach Blindorf. Auf einem Feldweg ins Grüne und schräg links hinauf zum nahen Wald (Hochstand). Im Wald auf den Rücken des Eichbergs und über diesen zu einer Andacht. (1 Std.)
Dort rechts auf eine schöne Wiesenfläche mit überraschend weit reichender Aussicht (Ötscher, Gippel, Hochstaff, Reisalpe, Muckenkogel). Vom ausgeflippten Wammershof auf der Zufahrt zum urtümlichen Hagenauerhof, dann zur kleinen historischen Bergkirche **St. Peter am Anger** und nach Außerkasten. Im Tal auf der Landstraße links und bald recht ab und über die Stössing. Nach der Brücke zu einem Hof, dann links auf einem Feldweg eben

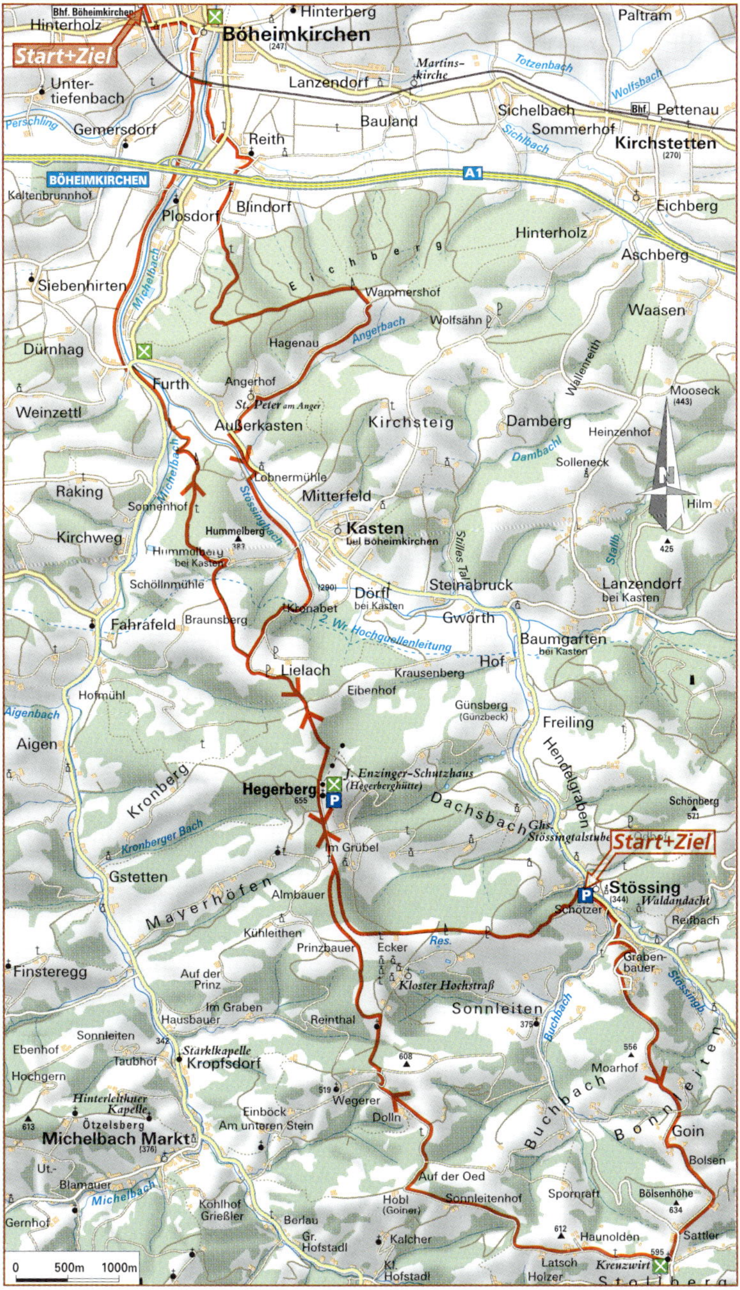

Bhf. Böheimkirchen
Hinterholz
Start+Ziel
Hinterberg
Böheimkirchen
Paltram
Unter-tiefenbach
Lanzendorf
Martins-kirche
Totzenbach
Wolfsbach
Perschling
Gemersdorf
Bauland
Sichelbach
Sommerhof
Bhf.
Pettenau
Reith
Sichlbach
Kirchstetten
BÖHEIMKIRCHEN
A1
Kaltenbrunnhof
Blindorf
Eichberg
Plosdorf
Hinterholz
Aschberg
Siebenhirten
Michelbach
Eichberg
Wammershof
Waasen
Wolfsähn
Dürnhag
Hagenau
Angerbach
Angerhof
Furth
St. Peter am Anger
Wallenreith
Mooseck
Weinzettl
Außerkasten
Kirchsteig
Damberg
Heinzenhof
Dambach
Solleneck
Lobnermühle
Raking
Mitterfeld
Hilm
Sonnenhof
Stössingbach
Hummelberg
Kasten
bei Böheimkirchen
Stilles Tal
Kirchweg
Hummelberg bei Kasten
425
Stallb.
Schöllnmühle
Dörfl bei Kasten
Steinabruck
Lanzendorf bei Kasten
Kronabet
Fahrafeld
Braunsberg
2. Wr. Hochquellenleitung
Gwörth
Baumgarten bei Kasten
Lielach
Krausenberg
Hof
Hofmühl
Eibenhof
Aigenbach
Günsberg (Günzbeck)
Freiling
Aigen
J. Enzinger-Schutzhaus (Hegerberghütte)
Kronberg
Hegerberg
655
Hendelgraben
Dachsbach
Schönberg
571
Kronberger Bach
Ghs. Stössingtalstube
Start+Ziel
Im Grübel
Gstetten
Stössing
(344)
Waldandacht
Almbauer
Schötzer
Mayerhöfen
Reifbach
Kühleithen
Prinzbauer
Ecker
Res.
Grabenbauer
Finsteregg
Auf der Prinz
Kloster Hochstraß
Stössingb.
Im Graben
Hausbauer
Reinthal
Sonnleiten
375
Buchbach
Sonnleiten
342
Ebenhof
Taubhof
Stärklkapelle
Kropfsdorf
608
556
Moarhof
Hochgern
519
Wegerer
Hinterleithner Kapelle
Ötzelsberg
613
Einböck
Dolln
Buchbach
Bonnleiten
Goin
Michelbach Markt
(376)
Am unteren Stein
Bolsen
Ut-
Auf der Oed
Blamauer
Michelbach
Bölsenhöhe
634
Kohlhof
Hobl (Goiner)
Sonnleitenhof
Spornraft
Gernhof
Grießler
Berlau
612
Haunolden
Sattler
Gr. Hofstadl
Kalcher
595
Latsch
Kreuzwirt
Kl. Hofstadl
Holzer
Stollberg
0 500m 1000m

weiter (blaue und rote Markierung, Nr. 455). Bei der nächsten Brücke beginnt der rot markierte Güterweg Lielach und damit der Aufstieg zum **Hegerberg**. Auf der Straße durch den Wald, vorbei an einem Damwildgehege. Kurz nach Verlassen des Waldes bei einer Gabelung rechts und an einer schönen Pappelreihe entlang zu einem Anwesen am Waldrand. (1 ½ Std.)

Nach einem Waldstück über eine große Wiese, dann durch einen Birkenbestand, der rechts von einer Wiese begrenzt ist. Zunehmend steil, zuletzt wieder im Wald, zur **Hegerberghütte**. (½ Std.)

Auf dem Rückweg zunächst zurück zum Anwesen am Waldrand (Lielach). Kurz danach mit grüner Markierung die Straße verlassen und auf einem Feldweg zur Kreuzung mit der Trasse der 2. Wiener Hochquellenwasserleitung. Mit Grün gerade weiter, am Hof Hummelberg vorbei und an einer markanten Baumreihe entlang in einen schönen Hochwald. Auf dem Karrenweg in einem Rechtsbogen (unterwegs ein Kreuz) abwärts.

Im Talboden über eine Wiese zur **Stössing**, diese überqueren und auf dem Treppelweg gemütlich flussabwärts (Einmündung der Stössing in den Michelbach). In Furth (GH Strohmayer) über den Bach. Vorbei an stimmungsvoller Ufervegetation und einigen durchaus reizvollen Gefällsstufen dem Autobahnlärm entgegen, unter der A1 und der Bahn durch und auf bekannter Strecke zurück zum Ausgangspunkt. (2 ½ Std.)

Stössing–Bölsenhöhe–Kreuzwirt–Hochstraß–Hegerberg–Stössing

Der Hegerberg von seiner besten Seite.

Start und Ziel: Stössing, 344 m.
4 ½ Std., 350 Hm, 16 km.
Karten: WA-WW, ÖK50: 56, ÖK50-UTM: 4330.
Einkehr: Stössing, Hegerberghütte.

Hegerberg-Gipfel

Drachen steigen lassen, sich ein wenig die Beine vertreten, ins Land einischauen und in der Hütte einkehren.

Start und Ziel: Hegerberg, Gipfelparkplatz, 655 m.
Karten: WA-WW, ÖK50: 56, ÖK50-UTM: 4330.
Einkehr: Hegerberghütte.

Rudolfshöhe 594 m
Steinwandleiten 734 m

Wunderbar wanderbares Bauernland

Als Pendant zur Rudolfshöhe am Stadtrand Wiens gibt es auch im westlichen Wienerwald eine gleichnamige Erhebung – den Hausberg von Wilhelmsburg.

Der Gipfel trägt eine hübsch renovierte Hütte und die freien Flächen rundherum bieten beste Ausblicke ins Traisental, in das Voralpenland und darüber hinaus. Das Gebiet ist ideales Wandergelände, mit viel Wald, aber auch viel Aussicht von den landwirtschaftlich genutzten freien Flächen.

Die Steinwandleiten ist der südwestliche Eckpfeiler des Wienerwaldes und hat bereits engsten Kontakt mit dem Voralpenland. Auf ihm fühlt man sich bei guter Sicht dem Ötscher schon fast näher als dem Schöpfl oder dem Lindkogel. Trotzdem ist die Steinwandleiten ein echter Wienerwald-Berg, und zwar einer von der beliebten Sorte Wald-Wiese-Weide-Bauernland, mit schönen Höhenwegen und doch recht steilen Flanken, die ins Gölsen- und Traisental abfallen. Auf seinem Gipfel steht die ganzjährig bewirtschaftete Stockerhütte. Die Aussicht vom großen Gipfelkreuz ist durch Bäume und Sträucher eingeschränkt, man holt sie sich also auf den Anstiegen und Überschreitungen, zum Beispiel von der Rudolfshöhe. Diese Rundtour ist wandertouristisch praktisch „aufgelegt", ein kurzer Blick auf die Karte genügt, um festzustellen, dass alle Voraussetzungen für eine klassische Rundwanderung erfüllt sind!

25. Höhenweg in Tuchfühlung mit den Voralpen

Wilhelmsburg–Ochsenburger Hütte–Haberegg–Stockerhütte–Wilhelmsburg

Start und Ziel: Wilhelmsburg/Kreisbach, 321 m.

Anreise: Regionalbahn von St. Pölten zur Hst. Kreisbach.
Mit dem Auto: von St. Pölten auf der B20 nach Wilhelmsburg.

5 ½ Std., 500 Hm, 20 km.

Karten: WA-WW, ÖK50: 56, ÖK50-UTM: 4329, 4330.

Orientierung: einfach, Wegverlauf beachten!

Einkehr: Wilhelmsburg/Kreisbach: GH Reinberger (Mo Rt), Ochsenburger Hütte (Mo Di Rt). Stockerhütte.

Gleich nach Überschreiten der Bahngleise beginnt links der rot markierte Aufstieg zur **Rudolfshöhe**. Zunächst auf einer Straße durch die Siedlung Dingelberg, dann auf einem Feldweg und auf schönen Waldwegen gleichmäßig bergan. Auf einem flachen Rücken ein guter Blick zu den Voralpen und auch Richtung St. Pölten, ins Wald- und Weinviertel. Vorbei an einem Salettl und auf der Zufahrt in Kürze zur **Ochsenburger Hütte** (prächtiges Panorama vom Schneeberg bis zum Ötscher). (1 Std.)
Weiter in östlicher Richtung auf dem Bergrücken, mal im Wald, mal am Waldrand, mal mit Ausblicken nach Norden in die Ebene, mal nach Süden ins Hügel- und Bergland. Kurz nach einer Andacht, aber noch vor dem Draxelhof, rechts abzweigen Richtung **Haberegg**. Beim ersten Hof („In der Öd") auf einem schwächer ausgeprägten Wiesenweg leicht links zu einem nahen Wiesensattel. Am Waldrand, dann zwischen den Feldern zum Izerhof. Dort zum nahen Wald (Richtungspfeile). Dann längere Steigung zu einem Forstweg, der zum Haberegger führt. (1 ½ Std.)

Nun deutliche Richtungsänderung nach rechts (Richtung Stadelböck). Auf guten Wegen durch eine prächtige bäuerliche Kulturlandschaft über Weiden, Felder, Wälder und vorbei an mehreren Höfen, immer mit Ziel Stockerhütte auf der Steinwandleiten. Nach dem Zehethof bei einer am Waldrand aufgestellten Stiftungstafel über einen oft feuchten Wiesensattel und im Wald zu einer Forststraße hinauf. Bei der Gabelung links und kurz nach einem niedrigen Hochstand auf einen blau markierten und schwach ausgeprägten Pfad rechts abzweigen.
An einer Hausruine vorbei und Querung in einen steileren Waldhang (Tiefblicke auf das liebliche Schwarzenbach an der Gölsen) und zu einer weiteren Forststraße. Wieder kurz links, bei einem aussichtsreichen Eck rechts ab, hinauf zum Waldkamm und hinüber zum höchsten Punkt der **Steinwandleiten** (unterwegs wiederholt romantische moosbedeckte Sandsteinaufschlüsse, beste Aussicht bei den Rodungslücken, beste Einkehr in der Stockerhütte!). (2 Std.)
Nach der Rast rot markierter Abstieg nach **Wilhelmsburg:** Anfangs kurz über eine steilere Wiese (Vorsicht bei Nässe), dann

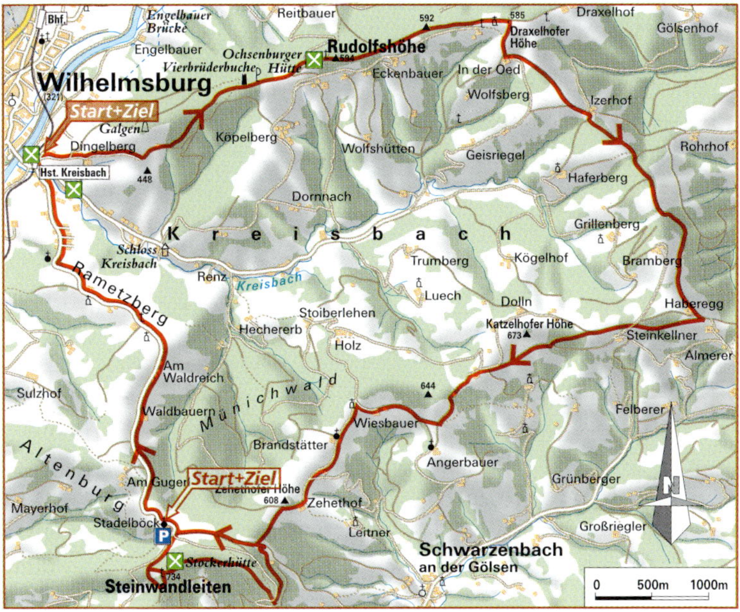

im Wald rechts flacher hinüber zum Gehöft Stadelböck (Parkplatz). Weiter auf einer schmalen Fahrstraße über den Rametsberg hinab zum Ausgangspunkt: unterwegs wieder viel Bauernland und schöne Aussichten. (1 Std.)

Kreisbach–Ochsenburger Hütte–Kreisbach

Kurztour auf den ersten Hauptgipfel.

Start und Ziel: Wilhelmsburg, 321 m.
2 ½ Std., 300 Hm, 6 km.
Karten: WA-WW, ÖK50: 56, ÖK50-UTM: 4329.
Orientierung: einfach.
Einkehr: Wilhelmsburg/Kreisbach: GH Reinberger (Mo Rt), Ochsenburger Hütte (Mo Di Rt).

Stadelböck–Steinwandleiten–Stockerhütte–Stadelböck

Noch kürzere Rundtour auf den zweiten Hauptgipfel.

Start und Ziel: Parkplatz Stadelböck, 640 m (Gebühr).
1 ¼ Std., 100 Hm, 3 km.
Karten: WA-WW, ÖK50: 56, ÖK50-UTM: 4329.
Orientierung: einfach, Wegverlauf beachten!
Einkehr: Stockerhütte.

Voralpenblick bei der Stockerhütte.

SEELACKENBERG 348 m

Der ganz andere Wienerwaldberg

Dass der Seelackenberg zum Wienerwald gezählt wird, verdanken wir einzig und allein der Alpenvereins-Einteilung der Ostalpen.

Wenn wir seine Landschaft und Geologie betrachten, müssten wir ihn sicher ausklammern und – aber auch das nur mit Augenzwinkern – der Wachau zurechnen.

Der Gipfel ist da nur unbedeutende, unauffällige Nebensache. Die vielfach überstrapazierte Devise „Der Weg ist das Ziel" trifft hier voll zu. Das Wandern in Kellergassen und durch tiefe Lösstobel, die Aussicht Richtung Voralpenland einerseits und auf Donauauen, auf Wachauer Weinberge und ins Wald- und Weinviertel andererseits vermitteln unerwartete und deshalb umso einprägsamere optische Eindrücke. Dazu kommen noch kulturelle Höhepunkte, welche die Römerstadt Traismauer, einige Kellergassen und Sitzenberg setzen und die aufgrund der Kürze der Wanderung ausgiebig genossen werden können.

Zum Namen: Für die ansässige Bevölkerung war der Seelackenberg immer ein richtiger „Berg", das beweisen die Bezeichnungen Berg, Berghäuser, Bergkapelle, Gebirgsgraben, Oberndorf am Gebirge etc., auch wenn manches eher mit Weinbergen zu tun haben dürfte. Und den namengebenden See gibt es wirklich – wenn auch eher als Lacke, die zum Austrocknen neigt. Suchen und finden kann man ihn anhand der Karte im Gipfelbereich …

26. Wald- und Weinrunde an der Donau

Traismauer–Sitzenberg–Seelackenberg–Traismauer

Start und Ziel: Traismauer, 197 m.

Anreise: Regionalbahn von Tulln oder St. Pölten nach Traismauer.

3 ¾ Std., 150 Hm, 15 km.

Orientierung: einfach.

Karten: ÖK50: 38; ÖK50-UTM: 4324.

Einkehr: Traismauer, Kellergassenheurige, Sitzenberg.

Kultur: Traismauer: Römische Funde, Sakral- und Profanbauten, Ortsbild. Sitzenberg: Schloss (Privatbesitz), Schlossteich.

Erste rote Markierung und die Nr. 475 beim nahen Bahnschranken: auf dem Schulerbergsteig zur Waldandachtgasse mit ihren historischen Wein- und Presshäusern. Neben der Bahn aus dem Ort, beim zweiten Schranken rechts, dann bei erster Gelegenheit gleich wieder links ab und an der Nutzungskante zwischen Feld- und Weinanbau weiter. An einem Kreuz vorbei und gerade zum nächsten Querweg. Dort rechts zum nahen Waldrand und links weiter. Am Rande von Weingärten hinüber zur Kellergasse am **Eichberg** mit ihren temporär geöffneten, einfachen Buschenschänken. Tafeln und Inschriften informieren am Wegrand über die Besonderheiten der Anbauregion.

Fließender Übergang in die ebenso reizvolle Ahrenberger Kellergasse. Einmündung in die Ahrenberger Ortsstraße und, die rote Markierung verlassend, zur Karl-Fischer-Straße. Auf der Landstraße rechts, bei einem Bildstock links in die Fasanzeile und auf einem Feldweg Richtung **Sitzenberg**. Um den Schlossberg mit dem schönen Renaissanceschloss (keine Besichtigung) herum und lohnender Spaziergang rund um den Schlossteich. (1 ¾ Std.)

Anschließend wieder in der Karl-Fischer-Straße (rote Markierung) zurück zum Ortsende und links in die Weinbergstraße. Am Berghang rot-gelb-rote Markierung (genau beachten). Zwischen tief eingeschnittenen, einzigartigen Lösswänden auf einem steileren Güterweg höher. Einige Lücken erlösen platzangstgefährdete Wanderer und gewähren prächtige Aussichten auf Sitzenberg und Richtung Voralpen. Nach einem Holzlagerplatz in den Wald und bei nun angenehmer Steigung zur Wegkreuzung mit der Predigtsäule und damit zum weitläufigen Gipfelplateau des **Seelackenbergs**. Den tatsächlich höchsten Punkt zu bestimmen, ist sicher nicht einfach und auch die „Seelacke" ist nicht „offensichtlich". (1 ¼ Std.) Bei der Säule nicht mit der Markierung links, sondern auf einem Forstweg gerade weiter, bis der Waldrand auftaucht. Links auf einem weiteren Forstweg zur Einmündung in einen rot markierten Wanderweg. Auf diesem hinaus ins Freie (Aussicht Richtung Dunkelsteiner Wald und Wachau) und zur Bergkapelle. Danach auf dem sich allmählich eintiefenden Fahrweg, der sich nach einem Linksknick (Lacke) zu einem Tobel ausprägt. Vorbei an einigen schön restaurierten Kellerhäusern, dann bei einer Andacht in die Venusbergstraße und zum Bahnhof. (¾ Std.)

Hengstberg 371 m

Wellness-Wandern am Wagram

Die unscheinbare Donauterrasse des Wagram ist als Weingegend bekannt für ausgezeichnete Lagen und qualitätsvolle Erzeugnisse.

Als Wanderziel ist sie kaum erschlossen und daher auch in unserer Vorstellung wenig präsent. Das kann sich aber ändern. Denn die vorgeschlagene Streckenwanderung wird beweisen, dass diese Gegend durchaus ihre – ganz besonderen – Reize entfalten kann, mit Beigaben, die einzigartig sind: Felder, tief eingeschnittene Lössgasse, Kellergassen, Weinberge, Aussicht ins Donautal und ins Voralpenland.

Der Wanderer schreitet beschaulichen und ruhigen Schrittes voran, lässt den Alltag hinter sich und genießt in aller Ruhe und Einsamkeit. Der wiederholte Wechsel zwischen Kultur- und Naturerlebnis sorgt für Kurzweil und macht die kleine Tour zur großen Entdeckung.

27. Fein dosierte Wanderfreude

Kirchberg/Wagram–Engelmannsbrunn–Gösing–Hengstberg–Hadersdorf am Kamp

Start: Kirchberg/W., 185 m.

Ziel: Hadersdorf, 200 m.

Anreise: Regionalbahn R40 nach Kirchberg/Wagram. Mit dem Auto: von Stockerau oder Tulln auf der B304 nach Neustift im Felde und abzweigen nach Kirchberg/Wagram. Retour zum Start mit der Bahn.

4 ¾ Std., 300 Hm, 20,5 km.

Orientierung: einfach, obwohl oft unmarkierte Wege. Auf Wegverlauf achten!

Karten: ÖK50: 38+39. ÖK50-UTM: 4318.

Einkehr: Kirchberg/Wagram, Gösing: Panoramaheuriger (Info: 02738/ 24 26), Hadersdorf/Kamp.

Kultur: Kirchberg/Wagram: Kirche, Marktplatz. Gösing: Ackerbürgerhäuser. Hadersdorf/Kamp: Hauptplatz: Sakral- und Profanbauten (Kirche, Karner, Bürgerhäuser).

In der Bahnstraße zur Kremser Straße und rechts zum Kreisverkehr. Links Richtung Zentrum, bald von der Passauer Straße links ab und auf steilerem Fußweg durch ein Wäldchen (unterwegs eine Statue) in den historischen Ortskern (Abstecher zur Kirche). Über den lang gestreckten Marktplatz, an seinem Ende mit roter Markierung (Nr. 675) bei einem Kreuz links ab vom Asphalt und auf einem Feldweg ins Grüne. An der Hubertuskapelle vorbei und den fernen Hengstberg vor der Nase – zuletzt auf der Straße – hinab nach **Engelmannsbrunn**. (¾ Std.)

An der kleinen Kirche nach rechts vorbei, dann durch eine schattige, weil im Löss tief eingeschnittene Kellergasse auf die Terrasse des Wagram. Mit dem Radweg links und neben einer Mastenreihe

längere Zeit nach Westen. Dort, wo die Markierung links nach Thürnthal weist, rechts ab und an einer Baumreihe links entlang ein sanfter Anstieg (Rückblick zu Wienerwald, Voralpen, Ötscher). Beim **Weinbergkreuz** (Rastplatz) links weiter auf einem Feldweg. Vor einer größeren Gebüschgruppe rechts auf der Wiese zur nahen Straße und jenseits weiter in die Weinberge (Schild „Ried Floß"). Bei der nächstem Kreuzung gerade weiter („Ried Schafflerberg") und auf dem tief eingeschnittenen Lössweg höher („Ried Diebstein") auf eine Anhöhe kurz vor Gösing. Dort ein Rastplatz beim Diebstein oder „Malefikantenstein": Das ist die Stelle, wo einst die Gösinger die Schwerverbrecher an die Gerichtsbarkeit übergaben. Weiter auf dem Feldweg nach **Gösing**. Beim Ortsschild (mattgelbes Wegkreuz) links ab zum Panoramaheurigen (Blick ins Tullner Feld, Dunkelsteiner Wald, Waldviertel, NÖ. Alpensilhouette mit Schneeberg und Ötscher). (1 ¾ Std.)
In der Unteren Zeile vorbei an zwei historischen Fassaden, beim Feuerwehrhaus über eine Treppenanlage (alte Gemischtwarenhandlung) hinauf zur Oberen Zeile. Dort rechts und bei erster Gelegenheit links ab („Ried Wilbling"). Dann nicht zur Riede „Annagold", sondern gerade durch einen engen tiefen Lössweg zu einer Kreuzung. Gerade weiter und mit einem Linksschwenk in die Gipfelregion des **Hengstbergs.**
Am Waldrand, dann im Wald zu einem stimmungsvollen Rastplatz mit Marterl (Pkt. 350). Mit Blick auf die Tullnerfeldsilhouette (Kraftwerke Dürnrohr, Zwentendorf und Theiß) zu einem Aussichtspunkt. Nun auf Asphalt hinab zum Festplatz Haide (Freizeitgelände, Kapelle). Bei der nächsten Kreuzung (Kreuz) gerade weiter in westlicher Richtung durch die Weinberge.
An einem Wäldchen (Lacke) vorbei zur **Hubertuskapelle**. Leicht links weiter in einem sich wieder eintiefenden Weg ins Flachland. Rechts zu den ersten Bauten der Kellergasse Galgenberg, bei erster Gelegenheit scharf links und über die Bundesstraße (Vorsicht!) nach Walkersdorf. Vor der Bahn rechts und auf einem Feldweg zum Bahnhof Etsdorf-Straß, weiter zur Schillerstraße und im Haderdorf zum wirklich sehenswerten Hauptplatz. (2 Std.)
Bei der Kirche Richtung ehemaliges Gasthaus Hollnstein und gerade hinaus zur Umfahrungsstraße, über den Kamp, dann über die Bahn und links zum nahen Bahnhof. (¼ Std.)

LEISER BERGE
BUSCHBERG 491 m

Eichenwälder, Alpenblicke und Kultur!

Die Leiser Berge sind mit originellen Orientierungshilfen ausgestattet: Der Buschberg ist ein 2-Hauben-Berg! Das Bundesheer hat ihm (genau genommen dem benachbarten Steinmandl) eine Goldhaube verpasst und auf dem höchsten Punkt ruht eine noch größere Radarkuppel, die der Zivilluftfahrt dient.

Auf dem Weinviertelweg 632 lassen sich die Leiser Berge genussvoll durchwandern. Ausgedehnte Eichenmischwälder, Ausblicke in die Felder und zu sich in der Ferne ausbreitenden Gebirgen, geologische Exkurse und eine Alpenvereinshütte auf dem Buschberg, kulturelle Höhepunkte auf dem Oberleiser Berg und „Tierisches" im Wildpark Ernstbrunn sorgen für Abwechslung auf einem insgesamt entspannenden, wenn auch recht langen Müßiggang.

28. Gemütliches Waldwandern und ein 2-Hauben-Berg

Mistelbach–Buschberg–Oberleiser Berg–-Ernstbrunn

Start: Mistelbach, 210 m.

Ziel: Ernstbrunn, 290 m.

Anreise: Schnellbahn S2 nach Mistelbach, retour von Ernstbrunn mit Bus nach Mistelbach oder direkt Richtung Wien.
Mit dem Auto: B7 nach Mistelbach, retour zum Start mit dem Bus.

6 ¾ Std., 500 Hm, 26,5 km.

Orientierung: einfach, Richtungsänderungen!

Karten: ÖK50: 24, ÖK50-UTM: 5314.

Einkehr: Mistelbach, Buschberghütte (bew. Sa So Ft), Ernstbrunn: GH Flandorfer (Mi Do Rt).

Kultur: Oberleiser Berg: Wallfahrtskirche, Grabungen. Ernstbrunn: Kirche, Schloss.

Natur: Naturpark Leiser Berge (Wildpark Ernstbrunn).

Vom Bahnhof mit wenigen Schritten zum Übergang (rote Markierung des Weinviertelwegs Nr. 632). Über die Gleise, durch eine neue Wohnsiedlung in den Feldern zu einer Andacht (erste Buschbergblicke) und nach Hüttendorf. Auf der Straße rechts (spezieller Mix aus alter und neuer Bausubstanz!) und beim Haus Nr. 140 links ab in die Felder, über die Bahn und zum Wald. Über den Hochberg zu einer Waldandacht (vorher Linkseck!). (1 ¼ Std.)
Weiter in allgemein westlicher Richtung „immer der Nase nach" durch den Eichenmischwald, mehr oder weniger eben dahin auf einem feinen Waldweg. Bald nach dem Rosenberg (290 m) am Waldrand Blick ins Weinviertel, zum Wienerwald und zu den beiden **Buschberger „Hauben"**. Dann auf der Landstraße rechts und bald wieder scharf links ab. (1 Std.)

Auf dem Feldweg zu einem Kreuz und rechts in den Bründlwald. Über die Bahn, bald darauf ein scharfes Linkseck und sanfter Anstieg auf den zweiten **Rosenberg** (352 m). Nach einem längeren Waldabschnitt gute Neuigkeiten: der Buschberg zum Greifen nah, die Alpenberge in weiter Ferne, aber bei klarer Luft gut sichtbar! Auf der Landstraße links, dann bei der folgenden Kreuzung rechts und im **Naturpark Leiser Berge** in einen Sattel, dort links ab und hinauf zum nahen Gipfelkreuz. Panorama: Wien, Wienerwald, gesamte NÖ. Alpensilhouette, Weinviertel, Waldviertel, Kleine Karpaten, Hainburger Berge, Leithagebirge. (2 Std.)
Nach der Rast in der Buschberghütte weiter durch eine interessante Heidelandschaft Richtung Ernstbrunn, über den Zahlberg und den Schulberg. Die Bundesstraße kreuzen und nach **Oberleis**. Lohnender Abstecher zum **Oberleiser Berg** (457 m): tolle Aussicht (auch ohne Aussichtswartenbesteigung) und Grabungen („6000 Jahre Wohnberg Oberleis"). (1 Std.)
Weiter über die Steinbacher Heide, dann über eine Landstraße und, wieder im vertrauten Eichenwald, über den Steinberg. Dem Zaun des **Wildparks Ernstbrunn** (Damwild, Wildschweine, Wildpferde, Kinderzoo etc.) entlang zu seinem Eingang am Fuße der Anhöhe, auf der das Schloss Ernstbrunn (Privatbesitz) steht. (¾ Std.)
Durch Dörfles, dann in den Feldern zur Laaer Straße, auf ihr nach Ernstbrunn und bei der Kirche links zum Hauptplatz (Bushalt). (¾ Std.)

Dörfles–Wildpark Ernstbrunn–Oberleiser Berg–Dörfles

Start und Ziel: Dörfles, 308 m.
2 Std., 200 Hm, 6 km.
Karten: ÖK50: 24, ÖK50-UTM: 5314.
Orientierung: einfach.
Einkehr: Keine.

Waschberg 388 m Michelberg 409 m

Gipfeltour im Wanderparadies Rohrwald

Der Rohrwald ist ein typisches Beispiel für die seltenen Waldinseln des meist von Feldern, Äckern und Weinbergen geprägten Landschaftsbildes im Weinviertel.

Er kann mit einem durchaus bemerkenswerten Wanderangebot aufwarten: Neben den lauschigen Wäldern faszinieren die überraschend weit reichenden Aussichten von den beiden höchsten, baumfreien Gipfelkuppen des Waschbergs und des Michelbergs. Zwischen diesen beiden, zugegebenermaßen eher niedrig geratenen „Hauptgipfeln" gibt es auch eine Einkehrmöglichkeit.

Dem Rohrwald südlich etwas vorgelagert steht auf einem Ausläufer die Burg Kreuzenstein. Ein geführter Rundgang sowie ein Besuch der angeschlossenen Adlerwarte (Greifvogelschau) sind dort auf alle Fälle sehr zu empfehlen. Die Vereinigung von Natur und Kultur ist auf der vorgeschlagenen Runde jedenfalls gewährleistet!

Und noch etwas fällt auf: Die Tour hat quasi Expeditionscharakter: aus der Stadt ein langer, „nicht enden wollender" Anmarsch über die weite Ebene hin zum bereits längst sichtbaren Berg, dann diesen mit „vollem Gepäck" überschreiten und wieder zurück in die Zivilisation. Mentales Training für höhere Ziele?

29. Großzügige Runde mit maximalem Genuss

Stockerau–Leitzersdorf–Waschberg–Michelberg–Rohrwald–Kreuzenstein–Leobendorf

Start: Stockerau, 176 m.

Ziel: Leobendorf, 170 m.

Anreise: Schnellbahn S3 nach Stockerau. Mit dem Auto: Autobahn A22 nach Stockerau. Zurück zum Start mit der Bahn.

5 Std., 450 Hm, 21,5 km.

Orientierung: Wegverlauf und Beschreibung beachten!

Karten: WK 013, WA-WH, ÖK50: 40, ÖK50-UTM: 5313+5319.

Einkehr: Stockerau, GH „Am Michelberg" (Do ab 16 Uhr, Fr–So, Ft bew., Nov.–Feb. geschl.), GH Goldenes Bründl (Mo Di Rt), Leobendorf.

Durch die Bahnhofstraße zum Kirchenplatz (höchster Kirchturm von NÖ). Dort rechts in die Hauptstraße, dann in der Eduard-Rösch-Straße zur Brücke über den harmlosen Senningbach. Gleich darauf links ab (grüne Markierung des Hans-Czettel-Rundwanderwegs) Richtung Wiesen und nach der Fa. Bauer links „Am Damm" und durch eine neue Siedlung. Bei einer Gabelung auf dem rechten Ast hinaus in die Felder.

Vorbei an einem weißen Bildstock, dann am Ortsrand von Leitzersdorf eine Rechts-links-Schikane (Reithof) und durch die Feldgasse zur Wiesener Straße. Nun eine Links-rechts-Schikane und durch eine stimmungsvolle „Hintausgasse" (Kellerhäuser, Scheunen, Obstbäume) zum Ortsende. Dort rechts (kleine Koppel) und Beginn des **Waschberg**-Anstiegs. Vorbei an einem Schießplatz zum Waldrand, gerade weiter und, teils im Wald, teils über freie Flächen, auf zunehmend schmälerem Weg in die Gipfelregion des Waschbergs (mehrere Gedenksteine). (2 Std.)

Panorama: Bisamberg, Klosterneuburg, Skyline von Wien, Wienerwald, Leithagebirge, Schneeberg, Voralpensilhouette, Gippel, Göller, Ötscher, Waldviertel, Weinviertel, Leiser Berge.

Vom höchsten Punkt zurück zum Waldrand und mit der grünen Markierung in den Wald. In östlicher Richtung weiter, dann links auf eine Lichtung und hinab zu einer Kreuzung. Auf Asphalt zum nahen Parkplatz und zum GH „Am Michelberg". Weiter aufwärts (im Wald Schanzenanlage) und hinaus auf die Gipfelkuppe des **Michelbergs** (Gedenkkapelle). (½ Std.)

Aussicht ähnlich der vom Waschberg, zusätzlich: Kleine Karpaten, Hainburger Berge.

Abstieg in einem Linksbogen nach Norden, dann auf einem Waldweg bald hinaus in die Äcker (rote Markierung). Bei einem Kreuz rechts ab und auf der Forststraße ein schöner Abschnitt am

Waldrand entlang. Bei einer Gabelung (nicht versäumen!) links in den Wald, kurz darauf wieder links (verblasste rote Markierung) und allmählich hinab in einen Waldgraben und zum Arme-Seelen-Kreuz am Rand einer Lichtung.
Bei einem Hochstand auf dem Waldweg rechts und im stimmungsvollen Tal des Wiesenbachs zum GH „Goldenes Bründl". Dem **Kreuzensteiner Rundweg** folgend auf der Forststraße „Schauerkreuz 2" längerer Anstieg, dann rechts ab (Schild) und in einem dichteren Wald zum Scheitelpunkt östlich vom Toblerberg (Rastbank und schöner Ausblick!). Mit Blick zur Burg Kreuzenstein auf dem Feldweg sanft hinab zu einem Reithof und weiter zum Wald. Am Waldrand (Pkt. 254) ansteigend auf die Kuppe des Sonnwendbergs (Wasserbehälter) und auf schmalem Waldsteig schnurstracks abwärts zur Landstraße. Diese kreuzen, hinauf zum Parkplatz der **Burg Kreuzenstein** und rechts zur Burganlage.
Vor dem ehemaligen Gasthaus rechts ab, auf schmalem Steig kurz ein steiler Abstieg (bei Nässe rutschig) zur Straße. Links auf parallel laufendem Wanderweg (gelbe Markierung) nach Leobendorf. Im Ort rechts und in der Stockerauer Straße zur B3 (Ampel) und zur Bahn. (2 ½ Std.)

Haselbach–Wollmannsberg–Waschberg–Michelberg–Haselbach

Kleine Gipfelrunde mit großer Aussicht.

Start und Ziel: Haselbach, 232 m.
2 ¼ Std., 220 Hm, 6 km.
Karten: WK 013, WA-WH, ÖK50: 40, ÖK50-UTM: 5313.
Orientierung: einfach.
Einkehr: GH „Am Michelberg".

Burg Kreuzenstein

Kultur und Natur auf dem Präsentierteller: Burgführung und Adlerwarte (Greifvogelschau: www.adlerwarte-kreuzenstein.com).

Start und Ziel: Burg Kreuzenstein, 266 m.
Karten: WK 013, WA-WH, ÖK50: 40, ÖK50-UTM: 5313.
Einkehr: Burg Kreuzenstein, Leobendorf.

Glockenberg 365 m

Von Norden nach Wien

Eine lange Tour mit großen Kontrasten: Auf der Bahnfahrt zwischen den suburbanen Wohnblöcken Wiens hinaus in die Felder und Äcker des Weinviertels taucht man Haltestelle für Haltestelle in eine andere Welt ein.

Zu Beginn der Wanderung bietet der Kreutwald herrliches Wandergelände, ist gemütlich und entspannend. Dann öffnet sich der Blick zu den Weiten des Marchfelds, auf die Breiten der Bundeshauptstadt und die Höhen der ersten Alpenberge, die steil zur Donau abfallen. Zuletzt am Bisamberg die Rückkehr in den Trubel – Parkplätze, Gasthäuser, Sonntagsspaziergänger, Freizeitgesellschaft. Der finale Abstieg nach Langenzersdorf ist optisch, in seiner Art aber auch akustisch ein Erlebnis, bei dem vor allem die Verkehrswege zu Wasser, zu Land und in der Luft den Ton angeben!

Heimkehr: Schnellbahn–U-Bahn–Straßenbahn–Gasse–das Haustor. Das Weinviertel ist wieder weit weg. Die gute Erinnerung bleibt …

30. Eichenwälder und Großstadtsilhouetten

Hautzendorf–Kreuttal–Glockenberg–Manhartsbrunn–Stettner Berg–Königsbrunn–Hagenbrunn–Bisamberg–Langenzersdorf

Start: Hautzendorf, 210 m.

Ziel: Langenzersdorf, 170 m.

Anreise: Schnellbahn S2 nach Hst. Hautzendorf. Mit dem Auto: B7 nach Wolkersdorf und Richtung Niederkreuzstetten nach Hautzendorf. Retour mit der Schnellbahn.

6 ¾ Std., 500 Hm, 25 km.

Orientierung: bis zum Kreuttal Aufmerksamkeit erforderlich, dann einfach.

Karten: WK 013 (ab Luisenmühle), ÖK50: 41, ÖK50-UTM: 5314+5320.

Einkehr: Hautzendorf: GH „Zur Eisenbahn" (Mo Rt), Manhartsbrunn, Hagenbrunn, Bisamberg: GH Gamshöhe (Do Rt). Langenzersdorf.

Kultur: Königsbrunn: Filialkirche. Hagenbrunn: Kapelle. Langenzersdorf: Kirche, Museen.

Einige Schritte die Bahnstraße hinunter und links unter der Bahn in die Felder. An Kellerhäusern vorbei zu einem Güterweg und auf diesem rechts zum Waldrand (Karpatenblick) und zu einer nahen Waldandacht. Dort links, am Waldrand rechts und auf dem breiten Waldweg zu einer Kreuzung. Wieder links, an einem nahen Hochstand vorbei zu einer Rechtskurve. Links ab und auf einem zunächst schwächer ausgeprägten gewundenen Weg durch Laubwald ins **Kreuttal** und zur Luisenmühle. (1 Std.)
Weiter mit roter Markierung (Nr. 632) auf einem Waldlehrpfad neben der Kreuttalstraße zum Ortsbeginn von Unterolberndorf.

Kirchberg
Hornsburg
Hundsberg
331
Karnabrunn
Weinsteig
Rußbach
Hst.
Hautzendorf
Start
Hetzmannsdorf
Kreuttal
Luisenmühle
Drechslermühle
Obergänserndorf
Lerchenau
Unterolberndorf
Glockenberg
365
Würnitz
Hst.
Mollmannsdorf
Schleinbach
6
Thüringerhof
Ulrichskirchen
Rückersdorf
Hst.
Harmannsdorf
Kleinrötz
Pfösing
Münichsthal
Manhartsbrunn
Tresdorf
Seebarn
Putzing
Stetten
Ma. Lourdes
276
Stettner Berg
Enzersfeld
Putzing am See
Groß-ebersdorf
7
E461
Flandf.
Königsbrunn
Klein-Engersdorf
Brennleiten
Veiglberg Sdlg.
Bisamberg
(192)
Schloss
St. Veit
Hagenbrunn
Seyring
Bisamberg
Lourdesgrotte
Föhrenhain
358
Wh. Ganshöhe
Wolfsbergen-Sdlg.
Elisabethhöhe
Hst.
Langenzersdorf
(170)
Ziel
Magdalenenhof
Steinernes Kreuz
Bhf.
Marchfeldkanal
Stammersdorf
Strebersdorf
0
2 Km
4 km

Dort über die Straße und im Wald ansteigend auf den langen Höhenrücken des **Glockenbergs**. Auf schnurgerader Strecke im Eichenmischwald über die beschilderten „Höhepunkte“ hinweg. Nach einem auffallenden Lärchenbestand endet vorläufig die Waldherrlichkeit: hinaus ins Freie und auf der Landstraße (gute Aussicht) nach **Manhartsbrunn** (Blick auf Wien und zum Wienerwald, Einkehr). (2 Std.)
Mit der Markierung weiter zum Ortsende, dort links und im Wald auf stimmungsvollen, meist flachen Wegen hinüber bis zur Heidelandschaft des **Stettner Bergs** (Blick ins Marchfeld: Kirchtürme, Leitungsmasten, Getreidesilos, Windräder). Auf einem Fahrweg hinunter zur Landstraße, auf dieser rechts und bei der nahen Kreuzung links nach **Königsbrunn.** In der Ortsstraße zur alten Filialkirche, vor ihr links und auf dem Güterweg „Nussern“ am Rand der Weingärten nach **Hagenbrunn**. Dort durch die Weinberggasse zur Mühlberggasse und damit zum Beginn der Bisambergetappe. (2 Std.)
Auf Kopfsteinen, dann auf Schotter ansteigend über den **Veitsberg** (Lichtung) und nach einem ebenen Waldabschnitt zum GH Gamshöhe. (1 Std.)
In Kürze zur **Elisabethhöhe**, dem höchsten Punkt des **Bisambergs** (Spielplatz, Blick auf den Donaudurchbruch, ins Tullner Feld und auf Wien). Abstieg nach **Langenzersdorf** auf einem recht steilen Steig mit fast schon alpinem Charakter. Im Ort durch die Jubiläumsgasse zur Hauptstraße, links zum Hauptplatz und rechts durch die Klosterneuburger Straße zum Bahnhof. (¾ Std.)

Bisamberg 358 m

Der transdanubische Alpenberg

Ob der Bisamberg zum Wienerwald gehört? Tatsache ist, dass ihn die Donau vom Alpenbogen, zu dem er geologisch gehört, abgetrennt und ihm somit eine Sonderstellung beschert hat. Seiner Anziehungskraft als äußerst beliebtes Ausflugs- und Wanderziel der „Ostwiener" tut dies keinen Abbruch. Die Heurigenorte am Fuße der Weinberge bieten vor, während und nach einer Wanderung zahlreiche Einkehrmöglichkeiten und sie machen durch auffallend große „Begrüßungsschilder" werbewirksam auf sich aufmerksam. Dabei wird es dem Bisamberg-Wanderer oft gar nicht so leicht gemacht, vom weitläufigen, waldreichen und daher unübersichtlichen Gipfelplateau wieder ins Tal zu finden. Die Unzahl mehr oder weniger gut markierter und unmarkierter Wege schafft schon einmal mehr Verwirrung als Wanderfreude. Aber keine Sorge, in jeder Richtung ist man bald wieder am Waldrand angelangt und kann dann neben der sich bietenden Aussicht auch den geeigneten Etappen- oder Ausklangsheurigen anvisieren.

rund um den
BISAMBERG

31. *Rundtour durch Wald-, Wein- und Ackerland*

Langenzersdorf–Elisabethhöhe–Kleinengersdorf–Kronawettberg–Hagenbrunn–Veitsberg–Strebersdorf

Start: Langenzersdorf, 170 m.

Ziel: Strebersdorf, 165 m.

Anreise: Schnellbahn S3 nach Langenzersdorf. Mit dem Auto A22 Abfahrt Wien-Strebersdorf oder Korneuburg-Ost und nach Langenzersdorf. Retour zum Start mit der Bahn.

4 Std., 450 Hm, 15,5 km.

Orientierung: mittel, Beschreibung beachten!

Karten: WK 011, WK 013, WA-WW, ÖK50: 41, ÖK50-UTM: 5320.

Einkehr: Langenzersdorf, Bisamberg: GH Gamshöhe (Do Rt), Hagenbrunn, Strebersdorf.

Kultur: Langenzersdorf: Kirche, Museen. Bisamberg: Kirche, Schloss.

Infos: ARGE Rund um den Bisamberg, 02262/620 00, 01/27734 21-116, www.bisamberg.net.

Vom Bahnhof in der Klosterneuburger Straße rechts (rote und rotgrüne Markierung) zum Hauptplatz. Nach einer kurzen Linksrechts-Kombination in der Jubiläumsgasse zum Querweg „In Schiffeln". Mit Ziel **Elisabethhöhe** rechts und gleich links auf dem „Touristenweg" Beginn des steilen Anstiegs. Auf schmalem und zunehmend aussichtsreichem Steig höher (wiederholt Rastbänke, Blick über die Donau ins Weinviertel, nach Klosterneuburg, zu Leopolds- und Kahlenberg sowie auf Wien). Nach einer Wiese mit Spielplatz weiter zur Elisabethhöhe mit einem weiteren Spielplatz und der Elisabeth-Erinnerungssäule. (¾ Std.)

Flandorf
Königsbrunn
Tradenberg
Brennleiten
Donaugraben
Veiglberg
Siedlung
Klein-Engersdorf
St. Veit
Bisamberg
Hagenbrunn
Veitsberg
Lourdesgrotte
B i s a m b e r g
Elisabethhöhe
Gh. Gamshöhe
358
Wolfsbergen
Siedlung
Falkenberg
Hohle Gasse
Langenzers-
dorf
Magdalenenhof
Lahnerberg
170
Bhf.
3
Start+Ziel
Seeschlacht
Stammersdorf
WIEN
A22
Strebersdorf
Ziel
Hst. Strebersdorf
Marchfeld-
kanal
Groß
Jedlersdorf
N
0
500m
1000m

Zunächst mit der rot-weiß-grünen Markierung des Kaspar-Schrammel-Wegs in den Wald zu einer Straße. In dieser hinab zur Lourdesgrotte und weiter zur Hauptstraße. Dort rechts (blau-gelb-blaue Markierung des Korneuburger Rundwanderwegs) und bald auf dem Schießbergweg aus dem Ort. An einer Gartensiedlung vorbei nach **Kleinengersdorf** (links Felder, Starkstrom und Burg Kreuzenstein, rechts Weinberge und der Bisamberg). Die Landstraße kreuzen, an einem Fußballplatz vorbei und in nördlicher Richtung in die Felder.

Bei einer Sträuchergruppe rechts ab auf einen Feldweg und über den schwach ausgeprägten Rücken zu einem etwas abseits des Weges stehenden Marterl. Unter einer Stromleitung durch, dann durch einen Föhrenwaldgürtel zur Veiglberg-Siedlung. In der Gasse „Am Kronawett" (blau-gelb-blaue Markierung) zum höchsten Punkt des **Kronawettberges** (295 m) mit respektabler Aussicht ins Weinviertel, ins Marchfeld und auf Wien. (1 ½ Std.)

Hinunter nach Hagenbrunn und mit der roten Markierung (Nr. 607, 632) rechts zur Hauptstraße. Durch die Mühlberggasse auf Kopfsteinen, dann auf Schotter ansteigend Richtung Gamshöhe auf den **Veitsberg** (Lichtung). Dann bei zwei Gabelungen links und auf dem Kaspar-Schrammel-Weg zum Waldrand (Blick auf die beiden neuzeitlichen Landmarken der Fernsehsender) und rechts in Kürze zum Eichendorff-Denkmal. Im Klausgraben (Stadtwanderweg 5) stadtwärts und in der Fillenbaumgasse nach Strebersdorf. Durch die Langenzersdorfer Straße zum Strebersdorfer Platz, rechts in die Rußbergstraße, dann die Prager Straße kreuzen und zur Schnellbahn. (1 ¾ Std.)

Langenzersdorf–Elisabethhöhe–Gamshöhe–Hohle Gasse–Langenzersdorf

Feine Kurzvisite mit etwas steilem, aussichtsreichem Anstieg zu zwei Kinderspielplätzen im Gipfelbereich. Nach der Einkehr ein gemütlicher Waldabstieg nach Langenzersdorf.

Start und Ziel: Bf Langenzersdorf.
1 ¾ Std., 200 Hm, 6 km.
Karten: WK 011 + 013, WA-WW, ÖK50: 41, ÖK50-UTM: 5320.
Orientierung: leicht.
Einkehr: Langenzersdorf, GH Gamshöhe (Do Rt).
Kultur: Langenzersdorf: Kirche, Museen.

Bockberg 262 m

Aus dem Hochleithenwald ins Marchfeld

Kennen Sie den Hochleithenwald? Als Wanderziel? Kaum. Bekannt und mit Wanderwegen erschlossen ist er jedenfalls nicht. An der Brünner Straße stadtauswärts ist er bei Wolkersdorf die erste, zwar wenig auffallende, aber doch vorhandene „Bergerscheinung". Von seinen sonnseitigen Weinbergen, die ins Marchfeld abfallen, öffnet sich ein unerwartet reizvoller Blick auf die Skyline von Wien und zum Alpenrand. Allerdings ist dieses Schauspiel nur bei besten Sichtbedingungen, also bei bis zum Boden reichender trockener und klarer Luft gegeben. Nur bei solchen Verhältnissen sollte daher diese Wanderung angegangen werden. Ein wenig Gespür für den „besten Tag" kann da nicht schaden.

Die weiteren „Highlights" der Tour (das kleine „Gestrüpp-Biotop", die Kellergasse von Groß-Engersdorf, der Rußbachdamm) sind mehr als reine Draufgabe und können das große Aussichtserlebnis sehr gut zu einer lohnenden Neuland-Wanderung ergänzen.

32. *Weinberge, Felder und Großstadtsilhouetten*

Wolkersdorf–Hochleithenwald–Bockberg–Groß-Engersdorf–Rußbach–Deutsch-Wagram

Start: Wolkersdorf, 180 m.

Ziel: Deutsch-Wagram, 159 m.

Anreise: Schnellbahn S2 nach Wolkersdorf. Mit dem Auto: B7 nach Wolkersdorf. Retour zum Start mit der Bahn.

4 Std., 100 Hm, 15,5 km.

Orientierung: kaum markiert. Orientierungssinn nützlich, Beschreibung genau beachten.

Karten: ÖK50: 41, ÖK50-UTM: 5320.

Einkehr: Wolkersdorf, Groß-Engersdorf (GH Glöckler, Di Rt), Deutsch-Wagram.

Kultur: Wolkersdorf: Schloss, Schlosspark, Kirche, Ortsbild. Groß-Engersdorf: Kellergasse, Kirche.

Vis-à-vis vom Bahnhof durch die Bahnallee abwärts, über den Rußbach und an Schlosspark und Schloss vorbei zum Kirchenplatz. Gerade weiter zur etwas erhöht stehenden Kirche und in der Friedhofsgasse aufwärts mit den blauen Schildern des Zweigelt-Radwegs. Beim Friedhof schräg rechts, dann in der Holzfeldgasse in die Felder. Über eine Kuppe (unterwegs zwei Kreuze) zu einem kleinen Parkplatz am Waldrand. Im Wald rechts, gleich wieder links ab, an einer Pferdekoppel vorbei und auf einem Waldweg in sanfter Steigung zu einer Aufforstung. Gerade weiter in einem Tälchen zum Waldrand beim Pkt. 248 (kleine Schottergrube). Vom Radweg bald rechts ab in die Felder. Vom kaum ausgeprägten Gipfelbereich des **Bockbergs** eine bemerkenswerte Aussicht: Kreutwald, Glo-

Auf dem Bockberg.

ckenberg, Bisamberg, Wienerwald, Wien, Schneeberg, Marchfeld, Leithagebirge. (1 ¾ Std.)
Dort, wo der Feldweg links einbiegt, von diesem bei einem großen Strauch rechts ab (Steigspuren) und oberhalb einer Baumkultur in einen sich allmählich ausbildenden, sehr stark zugewachsenen Graben. In diesem (überraschendes, hochinteressantes Biotop) durchs Gebüsch abwärts (unterwegs ein kleiner Felsblock mit Stufen, dann steile Lösswände) und auf einem Waldweg zu einem Kreuz. Weiter auf Asphalt (am Teich rechts entlang) auf eine Kuppe (Wienblick), hinab zum **Summer-Kreuz** und nach einer weiteren Welle in die stimmungsvolle Kellergasse von **Groß-Engersdorf**. Auf der Hauptstraße links und gleich rechts ab zur Kirche. (¾ Std.)
Weiter in der Bahngasse über die Bahn (Radweg Nr. 91) und zum Sportplatz am Waldrand. Schnurgerade weiter auf Schotter zum Rußbachdamm. Vor der Brücke auf die Dammkrone und bacherlabwärts in die Felder. Auf dem Rasendamm bis zur Einmündung des Mühlbachs. Links über die Brücke, dann rechts und weiter den **Rußbach** entlang bis zu der Stelle, wo von rechts eine Baumreihe zum Damm stößt. Kurz darauf links hinunter und auf einem Feldweg Richtung Getreidesilo von Deutsch-Wagram. Am Ortsrand auf Asphalt rechts und sogleich links zum Bahnhof. (1 ½ Std.)

Kurzversion der Hauptroute bis Groß-Engersdorf

Start: Wolkersdorf, 180 m.
Ziel: Großengersdorf, 159 m.
3 Std., 100 Hm, 9 km.
Karten: ÖK50: 41, ÖK50-UTM: 5320.
Orientierung: kaum markiert. Orientierungssinn nützlich, Beschreibung genau beachten!
Einkehr: Wolkersdorf, Groß-Engersdorf (GH Glöckler, Di Rt).

Naturreservat und Naturschutzgebiet March-Auen

Durch die Au-Wildnis an der March

Wenn für Sie Wandern ausschließlich etwas mit Auf- und Abstiegen, Gipfeln, Aussichtsgenuss und Hüttengaudi zu tun hat, dann können Sie jetzt weiterblättern – was aber jammerschade wäre. Denn im Naturschutzgebiet March-Auen wird Wildnis pur geboten, in aller Ursprünglichkeit und ganz ohne Bedrohlichkeit. Praktisch null Höhenmeter Aufstieg, aber was für ein Wandererlebnis und was für eine Bereicherung!

Ein Teil des Naturschutzgebiets ist auf markierten Wegen (Biberweg: blau, Unkenweg: gelb, Storchenweg: rot) erschlossen und der Öffentlichkeit zugänglich. Der Autor, bekanntermaßen ein großer Freund von Touren Marke „unmarkiert und weglos", möchte hier ausdrücklich darum ersuchen, der offiziellen Aufforderung nachzukommen und diese Wege nicht zu verlassen (Anzeige droht!). Um die Ruhe weitestgehend zu erhalten, ist im Areal auch das Radfahren verboten.

Die Sehenswürdigkeiten sind mannigfaltig auf Flora und Fauna verteilt und je nach Jahreszeit unterschiedlich ausgeprägt. Daher lohnt es sich, öfters wiederzukehren, bei Trockenheit, nach starken Regenfällen, zur Zeit der Schneeschmelze, zur Blütezeit und im Herbst, im Winter und im Sommer (Gelsen!). Ein zusätzliches Zuckerl stellt die berühmte Marchegger Storchenkolonie dar, die beim Marchegger Schloss für Furore sorgt.
Neben dem WWF-Naturreservat ist auch ein längerer Spaziergang auf dem beschilderten Rundwanderweg überaus empfehlenswert. Entlang der teils noch erhaltenen Stadtmauer geht es zu den Naturschutzgebieten am Pulverturm (Urzeitkrebse im Frühling) und Breitensee (Überschwemmungsgebiet und tolles Vogelparadies) und retour auf einem lauschigen Uferweg neben der March zu Hochlandrindern und zur Storchenkolonie beim Schloss.
Schön, dass Sie nicht weitergeblättert haben! Hoffentlich sind Sie auch auf den Geschmack gekommen.

33-1. WWF-Naturreservat March-Auen

Biberweg: Schloss Marchegg–Holzwiese–Schloss Marchegg

Start und Ziel: Marchegg, 143 m.

Anreise: Regionalbahn R17 oder R80 nach Marchegg (vom Bahnhof 4 km / 1 Std. Fußweg zum Schloss!). Mit dem Auto: Parkplatz beim Eingang ins Naturreservat (Meierhofbrücke). Zufahrt vom Wiener Tor.

1 ¾ Std., 20 Hm, 7 km.

Orientierung: einfach, markierte Wege nicht verlassen!

Karten: WK 013, ÖK50: 43, ÖK50-UTM: 5321.

Einkehr: Marchegg.

Kultur: Marchegg: Schloss, Stadtmauer.

Vom Parkplatz über die Meierhofbrücke ins Naturschutzgebiet (rechts großer Beobachtungsstand für die Storchenkolonie, auf der Brücke Verkaufsstand mit Land- und Postkarten, Mückenschutz, Honig etc., betreut von März bis September täglich, im Oktober an schönen Wochenenden, Eintritt gegen freie Spende). Auf dem blau markierten **Biberweg** links und durch eine Baumallee zur Schwarzbrücke, dann am Rand einer Lichtung und wieder im Wald zur Rauchfangkehrerbrücke. Bei der Kreuzung rechts (Schleimlackenbrücke). Über weitere Holzbrücken, die dazu dienen, bei hohem Wasserstand die trockene Begehung zu ermöglichen, zu einem Beobachtungsstand am Rand einer Lacke. Dann weiter nach Norden und im Wald zum so genannten „Toten Hund" (Schild) und an den Rand der Holzwiese. (¾ Std.)
Über die Holzbrücke auf die Wiesenfläche (rechts Hochlandrinder) und zum Marchdamm. Auf der Dammkrone links (unterwegs schöne Blicke links hinab auf die einzelnen Lacken (Störche, Rei-

her, Enten). In Tuchfühlung mit der Landstraße vor einem Schranken links hinab in die Au (gemeinsam mit dem gelb markierten Unkenweg) und zu einem Beobachtungsplatz: „Das Konzert der Unken und Frösche“. Weiter in der Baumgartner Allee zu einer Kreuzung. Dort rechts zum Stand für „Störche und Reiher“ und wieder auf dem Damm zurück zum Ausgangspunkt. (1 Std.)

33-2. Naturschutzgebiet March-Auen

Rundwanderweg: Schloss Marchegg–Stadtmauer–Breitensee–Marchufer–Zollwache-Denkmal–Schloss Marchegg

Start und Ziel / Anreise / Karten / Einkehr / Kultur: siehe S. 144.

2 ½ Std., 20 Hm, 10 km.

Orientierung: einfach

Vom Parkplatz bei der Meierhofbrücke zurück zur Straße (Wiener Tor). Diese kreuzen und schräg rechts auf dem Rasendamm zu einem Linksknick und weiter zur Straße. Auch diese kreuzen und auf einem Feldweg (links Schotterteich, rechts Naturdenkmal am Pulverturm – Urzeitkrebse) zu einer großen Schautafel und hinauf auf den Damm (Pkt. 144, Kreuz, Jagdhütterl). Auf dem Damm (Nahblick über das Naturschutzgebiet Breitensee und Weitblick zu den Hainburger Bergen und dem Thebner Kogel) fast 3 km bis zum Pkt. 145 (Schranken). Dort links hinab zum Fischerparkplatz und nach einer Birkenaufforstung links auf Rasenweg zur March. (1 ¼ Std.)
Auf dem stimmungsvollen Uferweg (zahlreiche Fischerhütten auf Stelzen) zurück zum Kreuz und auf dem Damm weiter zum Ungartor. Mit der Stadtmauer zur Linken und Hochlandrindern (Galloways) zur Rechten zum Zollwache-Denkmal. Weiter auf dem Damm und den Wegweisern folgend zum Schloss (rechts Storchenkolonie) und damit zurück zum Ausgangspunkt. (1 ¼ Std.)

Nationalpark Donau-Auen

Auenblick, verweile doch!

Von der Großstadt Wien bis hin zur Ostgrenze Österreichs erstreckt sich entlang der Donau eine der letzten großen unverbauten Aulandschaften Europas: der Nationalpark Donau-Auen. Die Donau ist Lebensader und gestaltendes Element dieser Landschaft zugleich: Durch das Auf und Ab der Wasserstände bestimmt sie den Lebensrhythmus der Au und bietet heute vielen Pflanzen und Tieren einen geschützten Lebensraum. Im Nationalpark soll sich die Natur frei von wirtschaftlichen Zwängen entfalten können. Der Besucher hat die Möglichkeit, die Natur im Nationalpark kennen zu lernen. Allein oder unter der Führung speziell dafür ausgebildeter Nationalpark-Betreuer kann die „grüne Wildnis am großen Strom" zu Lande und vom Boot aus entdeckt und erlebt werden. Eine eigene Broschüre „Nationalpark-Besucherangebot" gibt darüber Auskunft.

Die zwei hier beschriebenen Touren stellen nur eine kleine Auswahl dar und sind speziell auf die leichte Erreichbarkeit mit Öffis ausgelegt. Au-Touren bescheren zu jeder Jahreszeit neue Eindrücke von der Tier- und Pflanzenwelt. Die Begehbarkeit der Au kann dabei abschnittsweise stark vom Wasserstand der Donau mitbestimmt werden.

An den Eintrittsstellen in den Nationalpark wird der Besucher mit folgenden Hinweisen empfangen:

Willkommene Besucher …

genießen die Natur bei Wanderungen auf markierten Wegen und machen keinen unnötigen Lärm,

nehmen ihren Hund an die Leine, um Wildtiere und andere Besucher vor Gefahren zu schützen,

helfen den Nationalpark sauber zu halten und nehmen ihren Abfall wieder mit nach Hause,

pflücken keine geschützten Pflanzen,

fahren mit ihren Rädern nur auf grün markierten Radwegen,

wissen, dass Lagerfeuer und Zelte nicht in die Au gehören.

Ab Mai 2005 wird im Schloss Orth/Donau ein Nationalpark-Besucherzentrum mit Attraktionen im Schloss und auf dem angrenzenden Freigelände als „Tor in die Au" geöffnet sein.

nationalpark donau auen

34-1. Regelsbrunner Au

Regelsbrunn–Haslau–Maria Ellend

Start: Regelsbrunn, 185 m.

Ziel: Maria Ellend, 175 m.

Anreise: Schnellbahn S7 nach Regelsbrunn.
Mit dem Auto: Autobahn A4 bis Fischamend, weiter B9 nach Regelsbrunn.
Retour zum Start mit der Bahn.

2 ½ Std., 20 Hm, 10 km.

Orientierung: einfach.

Karten: WK 013, ÖK50: 60, ÖK50-UTM: 5327.

Einkehr: Regelsbrunn, Maria Ellend.

Von der Bahn in der Brucker Straße zur Hauptstraße und links zum GH Kratky. Bald danach rechts ab in die Bauernzeile und an ihrem Ende mit „starkem Gefälle" zur Donaulände und in der Fischerzeile zur Au (Nationalpark-Wegweiser). Auf steiniger Furt übers Auwasser und durch einen Auwald hinaus zur Donau. Dort auf dem Treppelweg stromaufwärts ein extensives Donau-Erlebnis.
Auf dem teils grobsteinigen Treppelweg (unterwegs der Stromkilometer 1990 und Fischerhütten auf Stelzen) zur Abzweigung nach **Haslau** (Personenfähre, am anderen Ufer das gute GH Uferhaus). Dann wieder ein sehr schöner Abschnitt nach **Maria Ellend** zwischen der Donau und einem Altarm. Bei einer grünen Fischerhütte links ab, die letzten 500 Meter nochmals ein sehr stimmungsvoller Auabschnitt. Schließlich hinauf auf die Donauterrasse, links durch den Ort zur Kirche (Mosaikbilder) und über die B9 zur Bahn (optional Abstecher zur nahen Lourdesgrotte). (2 ½ Std.)

34-2. Au-Abenteuer am Rande des NP

Bad Deutsch-Altenburg–Schloss Petronell–Wildungsmauer

Start: Bad Deutsch-Altenburg, 148 m.

Ziel: Wildungsmauer, 182 m.

Anreise: Schnellbahn S7 nach Bad Deutsch-Altenburg. Mit dem Auto: Autobahn A4 bis Fischamend, weiter B9 nach Bad Deutsch-Altenburg. Retour zum Start mit der Bahn.

3 Std., 50 Hm, 11 km.

Orientierung: einfach.

Einkehr: Bad Deutsch-Altenburg, Wildungsmauer.

Auf einer Bahnüberführung in die Hainburger Straße und rechts in der Badgasse durchs Kurgelände. Dann im Kurpark links zur Donau zu einem Betondenkmal für die Donau-Opfer. Direkt an der Donau stromaufwärts in Kürze über ein Bacherl (steinige Furt), dann auf einem Damm (links Auwasser) hinüber zum Treppelweg. Auf diesem am ruhig fließenden Donauwasser entlang bis zu einer riesigen Birke nach ca. 2,5 km (kurz vor dem Stromkilometer 1890). Dort auf einem guten Weg links ab und durch den Auwald zu einer Gabelung. Rechts über eine erste Furt, dann bald darauf über eine zweite, größere. Weiter rechts am Auwasser entlang bis zum **Schlosspark Petronell** (schöner Schlossblick). (1 ½ Std.)
Am Waldrand entlang, dann leicht rechts wieder in den Wald und neben einem Altarm zu einer Brunnenanlage. Gerade weiter auf dem sich in der Folge zunehmend verengenden und durch verwildertes Gelände führenden Waldweg (unterwegs eine Stelle mit von Bibern „gefällten“, kreuz und quer liegenden Baumstämmen). Schließlich auf einem Pfad zum Donauufer bei **Wildungsmauer**. Links durch die steile Wildbachstraße auf die Donauterrasse. Rechts in der Brückengasse, dann in der Donaustraße zur Bahngasse und zum Bahnhof. (1 ½ Std.)

Braunsberg 346 m
Schlossberg 291 m
Hundsheimer Berg 480 m

Hainburger Hügelhüpfen

Die Hundsheimer Berge sind ein von der Donau abgetrennter Teil der Kleinen Karpaten.

Das Bergland Österreich hat dadurch selbst in seinem äußersten, von der Ebene des Marchfelds und vom Seewinkel geprägten Osten ein echtes Gebirge aufzuweisen. Als letzter Ausklang oder als Begrüßung, je nach Sichtweise. Der Raum der einstigen „Porta hungarica" an der Grenze zur Slowakei und zu Ungarn ist enorm geschichtsträchtig, wovon heute noch zahlreiche Funde auf dem Braunsberg (keltische Siedlung) und auf dem Schlossberg (hochmittelalterliche Burgruine) zeugen. Wandern ist hier Spazieren entlang der Donau, vorbei an Ruinen und Schlössern. Gipfelbesteigungen sind ein Leichtes, faszinierend die Weitblicke nach Westen über die Donauwellen hinweg auf Wien und zu den Alpen mit ihrem ersten Höhepunkt, dem Schneeberg. Auch die Vegetation ist hervorzuheben: neben den Eichenwäldern vor allem die in ganz Österreich in ihrer Art einzigartige pannonische Heidelandschaft. Wer beim Wandern Vielfalt sucht, wird sie hier fernab der hohen Berge finden.

35. Natur und Kultur rund um Hainburg

Hainburg–Ruine Röthelstein–Braunsberg–Schloßberg–Hundsheimer Berg–Hainburg

Start und Ziel: Hainburg, 161 m.

Anreise: Schnellbahn S7 nach Hainburg-Personenbahnhof.
Mit dem Auto: Autobahn A4 bis Fischamend, weiter B9 nach Hainburg.

4 ¼ Std., 600 Hm, 12 km.

Orientierung: einfach, obwohl seltenst markiert.

Karten: WK 013, ÖK50: 61, ÖK50-UTM: 5327.

Einkehr: Hainburg.

Vom Bahnhof zum Donauufer und stromabwärts (rote Markierung) zu einem Parkplatz (Nationalpark-Wegweiser, Schautafeln). Bald darauf auf dem Treppelweg durch zwei kurze Felsstollen, dann vorbei am Stromkilometer 1883 und an einem Altarm entlang zur **Ruine Röthelstein** (lohnender, ganz kurzer Abstecher, gelbe Markierung). Rechts ab auf dem **Braunsbergrundweg** – ab hier bis zum Ziel in Hainburg keine Markierung mehr! – zunächst ansteigend, dann auf gleicher Höhe zur Straße.

Diese kreuzen und auf einem schmäleren Waldpfad hinauf zu einer Wiese und wieder zur Straße. Auf dieser (nicht mehr weiter auf dem Rundweg!) rechts und nach einer Doppelkehre direkt über die Rasenflächen hinauf zum Gipfelparkplatz (Aussicht: Marchfeld, Kleine Karpaten, Bratislava, Hainburg, Hainburger Berge, Schneeberg, Gutensteiner Alpen, Wienerwald, Wien). (1 Std.)

Dann auf dem von der Straße abzweigenden „Fußweg zur Stadt" im stimmungsvollen Wald zügig abwärts. Durch die Braunsbergsiedlung zur Krüklstraße, über die Bahn und zum Ungartor. Jenseits der Straße an der Stadtmauer entlang ansteigend Richtung Schloßberg (grünes Schild) zum Halterturm.
Am Friedhof vorbei in den Wald und damit zum Beginn des Anstiegs. In Serpentinen mit zunehmend besserer Aussicht hinauf in die wirklich sehenswerte **„Heimoburg"** (gute Aussicht nach allen Seiten von der Burgmauer, stimmungsvoller, parkähnlicher Innenhof, Kapelle, Wohnturm mit burg- und stadthistorischer Text- und Bilddokumentation). (1 Std.)
Retour zu einem äußeren Tor und links auf einem recht steilen Schotterweg hinunter zum Sportplatz. In der Schloßbergstraße kurz rechts, links ab und durch den Sportweg zur Hummelstraße. Diese links hinauf bis zum Waldrand. Leicht rechts ab und auf einem Waldweg (Schranken) zur Einmündung in einen besseren Forstweg und weiter im lauschig-stillen Tal gemütlich aufwärts. Zuletzt ein steilerer „Schupfer" hinaus ans Licht und zum **Weißen Kreuz**.
Rechts weiter zum Gipfel (Schild) und auf einem Hohlweg höher. In der zweiten Rechtskurve gerade weiter und mit wenigen Schritten zum Waldrand und damit auf den Rücken des **Hundsheimer Bergs**. Die phantastische Aussicht („Alpenblick") genießend in Kürze hinauf zum höchsten Punkt (Gipfelkreuz, Buch, „Hundsheimer Hütte" (offener Unterstand). (1 ¼ Std.)
Aussicht: Seewinkel, Neusiedler See, Leithagebirge, Bucklige Welt, Wechsel, Schneeberg, Gutensteiner Alpen, Wienerwald, Wien, Donau, Marchfeld.
Auf dem Rasenpfad zu einem nahen Wegweiser und weiter nach **Hainburg**. Im Wald bei einer Gabelung rechts. Auf der zweiten Lichtung kurzer lohnender Abstecher an die Geländekante (Felsabstürze, Blick auf Hainburg). Dann im Wald in teils langen, gut angelegten Serpentinen zum Stadtrand am Fuße des Schloßbergs. Via Hexenbergweg und Haydnstraße zur Hummelstraße und hinunter zum berühmten **Wiener Tor**. In der Wiener Straße zum Hauptplatz und hinter der Kirche durch die Blutgasse (rote Markierung) zum Fischertor und zurück zum Personenbahnhof. (1 Std.)

Königswarte 344 m
Spitzerberg 302 m

Edelstaler Rundwanderungen

Der östlichste Gipfel Österreichs darf in keiner Gipfelsammlung fehlen – selbst wenn er nur 344 m hoch ist!

Seine Randlage beschert der Königswarte von der im Jahr 2000 neu errichteten hölzernen Aussichtswarte einen großartigen Blick auf das sich an der Donau ausbreitende Bratislava mit der markanten Donaubrücke, der Burg und den vielen Satelliten-Siedlungen an den Hängen der Kleinen Karpaten und in der Ebene. Auf der Österreich-Seite lockt vor allem der klassische Blickwinkel zwischen Wien und dem Schneeberg. Davor erhebt sich in unmittelbarer Nachbarschaft zur Königswarte der breite, ostseitig bewaldete Höhenrücken des Spitzerbergs.

Sehenswerter ist bei diesem aber die Sunnseit'n mit der einzigartigen, regionstypischen Trockenrasenlandschaft (div. Sträucher, Ziesel-Population), wie sie auch auf dem Hundsheimer Berg und dem Braunsberg beobachtet werden kann. Aber den ausgiebigsten Genuss dieser Naturerscheinung beschert sicher eine Wanderung über den lang gezogenen Rücken des Spitzerbergs, der an sich eher durch die benachbarte Flugschule als durch sein kleines und feines Naturschutzgebiet bekannt ist.

Die beiden vorgestellten Rundtouren können je nach Ambition vom zentral gelegenen Ausgangspunkt im „gspritzten" Edelstal (Wein und Römerquelle) einzeln begangen oder kombiniert werden.

36-1. Königswarte-Runde: Auf den östlichsten Berg Österreichs

Edelstal–Berg–Königswarte–Edelstal

Start und Ziel: Edelstal, Kirche 186 m.

Anreise: mit dem Auto: Autobahn A4 bis Fischamend, weiter B9 nach Bad-Deutsch-Altenburg und über Prellenkirchen nach Edelstal.

2 ¾ Std., 230 Hm, 11 km.

Orientierung: einfach.

Karten: WK 013, WA-WW, ÖK50: 61, ÖK50-UTM: 5328.

Einkehr: Edelstal.

Kultur: Edelstal: Kellerviertel.

Durch die Kirchengasse hinaus zur Badstraße und gerade weiter auf der linken Straßenseite. Dort vorbei an lautem gemischten Federvieh und kurz vor dem Römerquelle-Gelände links ab (Radweg B26). Auf dem Güterweg Edelstal-Sonnenberg raus in die Felder. Nach einer Kuppe erster Blick auf Berg und Bratislava. Hinab zur Einmündung der grünen Markierung bei einem Kreuz und weiter zum Ortsrand. In der Weinbergstraße, dann in der Hauptstraße zur Kirche und beim GH Burkhart links ab „Am Bühel". (1 Std.)
Vorbei am Türkenmarterl und auf dem Kirchbergweg (kunterbunte Markierung: rot, grün, gelb und blau!) höher. Bald links ab zur Königswarte. Vorbei an der Peter-und-Paul-Kapelle, dann bei einem Wasserbehälter leicht rechts (Schranken) und auf dem Waldweg in angenehmer Steigung über den Waldrücken auf den höchsten Punkt der Königswarte (nebenan militärische Anlage) und noch weitere 19, 20 m hinauf auf die **Aussichtsplattform** (Hainburger Berge, Thebner Berg, Bratislava, Windpark-Anlagen

auf der Parndorfer Platte, Seewinkel, Leithagebirge, Bucklige Welt, Wechsel, Schneeberg, Gutensteiner Alpen, Wienerwald, Marchfeld). (½ Std.)

Weiter über die Rasenfläche nach Südosten zu einem nahen Rastplatz (Tisch, Bankerl, Infotafel) und mit grüner Markierung durch einen Holzzaun Richtung Hindlerberg. Über eine Kuppe (kleine eingezäunte Flächen), dann hinab zu einer Gabelung (blau zweigt links ab). Gerade weiter, dann ein Rechtsknick und an einem Wildzaun entlang in ein Tälchen hinab. Durch dieses hinaus an den Waldrand. Dort die grüne Markierung verlassen und nach einer Rechts-links-Kombination auf einem schwach ausgeprägten Feldweg zurück zum Radweg B26 und rechts nach Edelstal. (1 ¼ Std.)

36-2. Spitzerberg-Runde: Felder, Wacholdersträucher und ein Kellerviertel-Unikum

Edelstal–Spitzerberg–Edelstal

Start und Ziel / Anreise / Einkehr / Kultur: siehe oben, Königswarte-Runde.

2 ¾ Std., 230 Hm, 10 km.

Orientierung: einfach, obwohl kaum markierte Wege.

Karten: WK 013, WA-WW, ÖK50: 61, ÖK50-UTM: 5327.

Hinter der Kirche durch die Gartenviertel, dann durch die Obere Siedlung zum Ortsrand (ab dort rote Markierung). Sanft ansteigend zu einem Marterl und bald darauf am Waldrand entlang zu einem Waldeck. Dort links (die rote Markierung führt gerade weiter) und auf einem einfachen Feldweg (Blick zum Spitzerberg) mit ganz leichtem Höhenverlust weiter. Neben einem eingetieften Rinnsal (Sträucher) zu einer Kreuzung und gerade zu einem Hochstand. Dort mit dem Feldweg rechts einschwenken (Schilfstreifen). Bei einer Brücke gerade weiter und bald darauf in den besseren Feldweg links einbiegen. Sanfter Anstieg (rechts das Gelände der Bundesflugschule) zum Waldrand. Beim Schranken gerade zu einer nahen Lichtung mit Holzhütte und weiter, zunächst in einer schmalen Waldschneise, dann auf recht steilem Steig (im Sommer „vegetationsintensiv") auf den freien Rücken des **Spitzerbergs**. Dort ein komplett neues Landschaftsbild mit Heidesteppencharakter: diverse Sträucher (Wacholder etc.) und je nach Saison unterschiedliche Blüten. In östlicher Richtung Übergang zum höchsten Pkt. 302. (1 ¾ Std.)

Weiter über den aussichtsreichen Rücken (Windparks, Neusiedler See, Leithagebirge, Schneeberg, Wienerwald) in allgemein östlicher Richtung (links Wald, rechts Heide). Unterwegs kurzer Abstieg über eine ganz kleine Felsstufe, dann rechts zu einem etwas besseren Weg und auf diesem weiter, hie und da in Begleitung weißer Grenzsteine, aber weiterhin ohne Markierung. Dort, wo der bessere Weg rechts wegdriftet, gerade weiter und bald auf eine markante Kuppe mit Handymast (vorher links ein kleiner ehemaliger Steinbruch).

Weiter auf einem Waldweg (unterwegs Mauerreste) zu einem zweiten Mast. Dort vom Rücken links ab zu einer Lichtung (Wasserbehälter) und zu einem Fahrweg. Auf diesem ins überaus stimmungsvolle **Kellerviertel** von Edelstal. Auf der Zufahrt hinaus zur Badstraße und links via Hauptstraße und Paargasse zurück zum Ausgangspunkt. (1 Std.)

Wolfstal–Königswarte–Edelstal–Spitzerberg–Hundsheim–Hundsheimer Berg–Hainburg

Großartige Wanderung durch das Naturschutz- und Natura-2000-Gebiet.

Start: Wolfsthal, 150 m.
Ziel: Hainburg, 161 m.
5 ¾ Std., 650 Hm, 20 km.
Karten: WK 013, WA-WW, ÖK50: 61, ÖK50-UTM: 5327, 5328.
Orientierung: Anstieg auf die Königswarte anspruchsvoll (blaue Markierung stark verblasst bzw. sogar bewusst übermalt), ansonsten einfach. Abstieg vom Hundsheimer Berg siehe Tour 35, S. 153.
Einkehr: Wolfsthal, Edelstal, Hainburg.

Buchkogel 443 m
Sonnenberg 484 m

Eisenstädter Hausbergrunde

Was dem Wiener der Wienerwald, ist dem Eisenstädter das Leithagebirge: ein Erholungsgebiet vor der Haustür, eine Gelegenheit zum fliegenden Wechsel von der Stadt in den wanderbaren Eichenmischwald.

Damit die Sinne nicht nur das Rauschen und Knarren im Geäst sowie die Farben und Gerüche im Wald erleben, sondern der Blick auch in weite Ferne geschärft werden kann, gibt's – eh scho wissen – Aussichtswarten sowohl auf dem Buchkogel als auch auf dem Sonnenberg, dem absoluten Höhepunkt im Leithagebirge: Beide gewähren den ersehnten Aussichtsgenuss, der vom Trio Wien-Silhouette, Neusiedler See und Schneeberg beherrscht wird. Aber auch das Leithagebirge selbst prägt sich ins Bewusstsein ein als ein lang gestrecktes, aber auch sehr breit gelagertes und vor allem ungegliedertes Waldgebirge, in dem abseits der markierten Wege die Orientierung schlagartig zur großen Herausforderung werden kann.

Unterwegs sorgen auffallend viele Bildsäulen und Wegkreuze für kulturelle und künstlerische Akzente. Und in Eisenstadt sollte ein Spaziergang durch den historischen Stadtkern und im Schlosspark Esterházy eine Selbstverständlichkeit sein.

Noch ein guter Tipp: Proviant einpacken! Auf der Wanderung ist Picknick angesagt, Einkehr gibt's nur in Eisenstadt.

37. Aussichtswarten und vieles mehr!

Eisenstadt–Buchkogel–Sonnenberg–Gloriette–Schlosspark Esterházy–Eisenstadt

Start und Ziel: Eisenstadt, 160 m.

Anreise: Regionalbahn über Bruck/Leitha oder Ebenfurt nach Eisenstadt.
Mit dem Auto: Autobahn A3 nach Eisenstadt.

5 ¼ Std., 500 Hm, 18,5 km.

Orientierung: durchwegs markierte Wege, Achtung bei den vielen Abzweigungen!

Karte: ÖK 50: 77, ÖK50-UTM: 5202.

Einkehr: nur in Eisenstadt selbst!

Kultur: Eisenstadt: Sakral- und Profanbauten, Ortsbild.

Vom Bahnhof durch die Bahnstraße und gerade weiter zur Hauptstraße (Fußgängerzone). Dort rechts bis an ihr Ende, dann links (Franz-Liszt-Straße), rechts (Joseph-Haydn-Gasse) und weiter durch die Johann-Permayer-Straße zum Europaplatz (Landhaus). In der Ing.-Hans-Sylvester-Straße mit blauer Markierung zum Ortsende und rechts ab Richtung Stotzing.
Im Wald durch einen eindrucksvollen, teils tief eingeschnittenen Hohlweg (Lösswand) zu einer Bildsäule (Ziegler-Kreuz). Flacher weiter und nach kurzem Anstieg wieder zu einer Bildsäule. Links hinaus auf die Landstraße, von dieser bald links ab und mit roter und rot-gelber Markierung zur **Buchkogelwarte**. Guter Tipp für groß Gewachsene: Kopf einziehen! (2 Std.)
Aussicht: Leithagebirge, Neusiedler See, Seewinkel, Bucklige Welt, Wechsel, Hohe Wand, Schneeberg, Gutensteiner Alpen, Wienerwald, Wiener Becken, Skyline von Wien.
Dann auf dem Steig weiter zu einer Forststraße und bei der zweiten Abzweigung links Richtung Eisenstadt und zum barocken

Gscheidtkreuz. Rechts mit blauer Markierung weiter, an einem aussichtsreichen Abschnitt entlang und immer in allgemein westlicher Richtung hinüber zum ehem. „Schönen Jäger".
Dann vorbei an zwei Wegkreuzen und bei der Gabelung auf dem rechten Ast Richtung Großhöflein. Nach wenigen Schritten an einer mächtig-prächtigen Rotbuche (Naturdenkmal) vorbei, nach kurzem Anstieg eine Rechts-links-Schikane und weiter zur Wegkreuzung „Beim Juden". Mit Schild Richtung **Sonnenberg**, dann von der Forststraße rechts ab, hinauf zum Gipfel, am Sender vorbei und in Kürze zur Aussichtswarte. (1 ¾ Std.)
Zurück zum „Juden" und rechts Richtung Eisenstadt. Bei der nächsten Gabelung mit blauer Markierung weiter, vorbei an einer Marienandacht und durch schöne Waldabschnitte allmählich sanft abwärts zur Station 12 eines Fitnessparcours. Bei der Station 20 die Gloriette mit erstem Blick auf Eisenstadt und **Schloss Esterházy**. In der Glorietteallee zum Esterházyplatz, links in die Hauptstraße, dann rechts in die Fanny-Elßler-Gasse und zurück zum Ausgangspunkt. (1 ½ Std.)

Kaisereiche 443 m

Durchs Leithagebirge von Norden nach Süden

Die hoch aufragenden Türme der großen Zementfabrik in Mannersdorf stellen am Fuße des Leithagebirges sicher eine der einprägsamsten Landmarken im südlichen Wiener Becken dar.

Dass dieser Ort Ausgangspunkt für eine erlebnisreiche und eindrucksvolle Wanderung sein soll, mag daher überraschen.

Lassen Sie sich eben überraschen! Gleich zu Beginn wartet der vegetationsreiche Naturpark St. Anna in der Wüste auf Ihren Besuch. Keine Sorge, diese Wüste ist bildlich, nicht wörtlich gemeint. Und der Besuch der wiederhergestellten Anlage aus dem 17. Jahrhundert ist sicher einen nachhaltig in Erinnerung bleibenden Besuch wert. Die nächsten Akzente setzen die Ruine Scharfeneck sowie die Franz-Josef-Warte auf der Kaisereiche. Dann geht's abwärts Richtung Neusiedler See nach Donnerskirchen, in einen der reizvollen Weinorte mit sonnigen Südlagen an den Hängen des Leithagebirges. Unser Gebirge sorgt also nicht nur für eine schöne Wanderung, sondern auch für das gemütliche Heurigen-Après.

38. Von der Wüste zum See

Mannersdorf–Wüste–Kaisereiche–Donnerskirchen

Start: Mannersdorf, 212 m.

Ziel: Donnerskirchen, 126 m.

Anreise: Bus von Wien nach Mannersdorf.
Mit dem Auto: von Wien auf der B15 über Himberg nach Mannersdorf. Retour zum Start am besten mit dem Taxi.

3 ½ Std., 300 Hm, 13 km.

Orientierung: einfach.

Karte: WK 271, ÖK 50: 77, ÖK50-UTM: 5202.

Einkehr: nur in Mannersdorf und Donnerskirchen.

Kultur: Mannersdorf: Sakral- und Profanbauten, Ortsbild. St. Anna in der Wüste: ehem. Klosteranlage, Naturpark. Donnerskirchen: Sakral- und Profanbauten, Ortsbild.

In der Hauptstraße bis zum Kreisverkehr und schräg links durch die Steinbruchstraße (rote Markierung) an den Ortsrand. Auf einem ansteigenden Fahrweg durch ein Waldstück, dann zwischen zwei Steinbrüchen (links Schießplatz, rechts Tagbau) flach dahin (Blick zum Schneeberg und ins Wiener Becken). Im Wald zur Mauerruine der Klosteranlage („Bäckertürl") und im **Naturpark Wüste** in einem weiten Linksbogen hinab zur Klosterzufahrt.

Die Straße kreuzen, dann über eine Brücke („Arbach-Jordan"), an einer großen Statue vorbei und durch eine Baumallee zur ehem. Karmelitereinsiedelei (Tiergehege). Am Gebäude links entlang zum Beginn des Anstiegs zur **Ruine Scharfeneck**. Auf einem

Donnerskirchen

schattigen Waldweg (keine Markierung) vorbei am Kleinen Fischteich, dann an der etwas abseits stehenden Ruine der St.-Joachims-Eremitage und hinauf zur Mauerruine. Nun links (rote Markierung) zur Ruine Scharfeneck. Das Betreten der Ruine ist offiziell wegen Einsturzgefahr verboten; wer den Eintritt riskiert, bekommt vom höchsten Punkt eine tolle Aussicht auf den Blickwinkel Schneeberg bis Wien serviert. (1 ¼ Std.)

Dann zurück bis zur Lücke in der Mauer und weiter mit der Markierung über mehrere Kuppen hinweg bis zur **Kaisereiche** mit der Franz-Josef-Warte auf der Gipfellichtung. (1 Std.)

Das Panorama (Kleine Karpaten, Hainburger Berge, Neusiedler See, Seewinkel, Bucklige Welt, Wechsel, Hohe Wand, Schneeberg, Gutensteiner Alpen, Wienerwald, Wiener Becken, Skyline von Wien) kann wettergeschützt genossen werden, ist aber durch die schmutzige Verglasung etwas beeinträchtigt.

Nach **Donnerskirchen** zunächst kurz ein steilerer Abstieg in westlicher Richtung, dann links ab (rote Markierung), über einen Waldrücken in einen Graben und am Bach entlang zum Ortsrand (Spielplatz). Durch die Hauptstraße zur B50, diese überqueren und weiter in der Bahnstraße zur Bahn. (1 ¼ Std.)

Mannersdorf–St. Anna in der Wüste–Ruine Scharfeneck–Mannersdorf

Feine Rundtour mit großem Erlebniswert.

Start und Ziel: Mannersdorf, 212 m.
2 ½ Std., 150 Hm, 7,5 km.
Karte: WK 271, ÖK 50: 77, ÖK50-UTM: 5202.
Orientierung: einfach.
Einkehr: Mannersdorf.

KAISEREICHE 443 m
BUCHKOGEL 443 m

Von Osten nach Westen

Lange Touren verlangen stabiles Wetter, eine gute Kondition, zeitiges Losgehen und eine gewisse Zielstrebigkeit.

Wenn keine Einkehr am Weg liegt, muss auch für entsprechenden Nachschub aus dem Rucksack vorgesorgt werden. Das Ganze kann natürlich für's Hochgebirge gelten, aber – welch Überraschung! – auch fürs Leithagebirge, wenn man es in seiner Längsrichtung bewandern möchte.

Was es im Angebot gibt? Eichenwälder noch und noch, Aussichtswarten, viel Einsamkeit und Ruhe. Dazu leicht erreichbare, attraktive Ausgangspunkte auf der burgenländischen Seite, die mit (Wein-) Kultur reich gesegnet sind.

Wer glaubt, einen einfachen Spaziergang zu erleben, wird schnell eines Besseren belehrt: So viel Auf und Ab wie im Mittelteil dieser Strecke gibt's sonst nirgendwo! Und einen Wegweiser, der das Ziel Eisenstadt fünf Gehstunden weit entfernt sieht, hätte man auch nicht unbedingt mit dem Leithagebirge assoziiert. Oder?

39. Leithagebirge extensiv

Purbach–Kaiserbründl–Kaisereiche–Buchkogel–Eisenstadt

Start: Purbach, 119 m.

Ziel: Eisenstadt, 160 m.

Anreise: Von Wien mit der Bahn S60/R63 über Neusiedl nach Purbach.
Mit dem Auto: Autobahn A4 bis Neusiedl oder A3 bis Eisenstadt, weiter B50 nach Purbach. Retour zum Start mit der Bahn.

7 ½ Std., 750 Hm, 26,5 km.

Orientierung: Wege bis auf den ersten Abschnitt gut markiert, trotzdem Orientierungssinn nützlich.

Karten: WK 271, ÖK50: 77+78, ÖK50-UTM: 5202+5203.

Einkehr: nur in Purbach und Eisenstadt. Ausreichend Proviant mitnehmen!

Kultur: Purbach: Pfarrkirche, Befestigungsanlagen, Ortsbild. Eisenstadt: Schloss, Sakral- und Profanbauten, Ortsbild. Auf der Wanderung Bildsäulen und Wegkreuze.

Vom Bahnhof mit gelber Markierung durch die Untere Bahngasse zum Ruster Tor. Dort zwecks Purbach-Besichtigung rechts, bei der Nikolauszeche links und durch die Hauptgasse zum eindrucksvollen Türkentor. Jenseits der Straße mit der Markierung durch die Fellnergasse (zu Beginn Weinkeller) zum Spitzkreuz und gerade weiter zum Restaurant „Am Spitz".
Mit roter Markierung in Kürze zu zwei Naturdenkmälern (Naturhöhle, Winterlinde). Weiter auf der Forststraße, dann auf einem Forstweg talein und allmählich aufwärts zur Einmündung in den Burgenlandweg (Pkt. 393). Auf diesem links auf der Forststraße zum „Hotter" (Rastplatz). Richtung Kaisereiche zum Binderkreuz und nach zwei Winkelzügen und einem kürzeren steileren Anstieg zur **Kaisereiche** mit der Franz-Josef-Warte auf der Gipfellichtung. (2 ½ Std.)

In der Franz-Josef-Warte auf der Kaisereiche.

Das Panorama (Kleine Karpaten, Hainburger Berge, Neusiedler See, Seewinkel, Bucklige Welt, Wechsel, Hohe Wand, Schneeberg, Gutensteiner Alpen, Wienerwald, Wiener Becken, Skyline von Wien) kann wettergeschützt genossen werden, ist aber durch die schmutzige Verglasung etwas beeinträchtigt.

Eisenstadt ist laut Schild noch 5 Gehstunden entfernt – also nichts wie weiter! In westlicher Richtung kurz ein deutlicher Abstieg, dann weiter zur Bundesstraße und links bis zum Kilometer 33,331 bei der Landesgrenze. Dort rechts ab auf schmalem Steig und in der Folge immer munter rauf und runter, wie auf einer endlosen Hochschaubahn über die aussichtslosen Waldhöhen des Leithagebirges. Phantasie anregend sind Landschaftsbilder Marke afrikanischer Busch – nur ohne Wildtiere!

Trotz guter Markierung Achtung bei einigen scharfen Richtungsänderungen. Nach dem Stotzinger Berg ein bequemer Abschnitt: auf einer breiten Schneise über die sanfteren Wellen des Mitterriegels und zu einem Hochstand (Aussicht). Bald danach links und nach einem Rechtsknick (der „Wilde Jäger" bleibt anschließend rechts) hinaus zur Landstraße. Diese kreuzen und hinauf zur Aussichtswarte auf dem **Buchkogel**. (3 Std.)

Aussicht: Leithagebirge, Neusiedler See, Seewinkel, Bucklige Welt, Wechsel, Hohe Wand, Schneeberg, Gutensteiner Alpen, Wienerwald, Wiener Becken, Skyline von Wien.

Abstieg zu einer Forststraße und auf dieser links zum „Juden". Bei der ersten Kreuzung links ab Richtung Eisenstadt (rote Markierung). Im Wald zum Stadtrand und auf dem Buchgrabenweg zur Ing.-Hans-Sylvester-Straße. Über den Europaplatz (Landhaus) in die Johann-Permayer-Straße. Gerade in die Joseph-Haydn-Gasse, dann links (Franz-Liszt-Straße), rechts (Hauptstraße), links Fanny-Elßler-Gasse und der Nase nach zum Bahnhof. (2 Std.)

Pfaffenöden 232 m
Goldberg 218 m

Wanderung durchs Wiener Becken

Zwischen Fischa und Schwechat schiebt sich die so genannte Rauchenwarter Platte nicht viel, aber doch wahrnehmbar in die Höhe und ins Blickfeld der aufmerksamen Beobachter.

Als Wanderziel ist die Gegend so gut wie unbekannt. Immerhin ist sie durch einen Weitwanderweg mit der einprägsamen Nummer 888 erschlossen und auch Radwanderer werden einige beschilderte Strecken vorfinden.

Die Reize einer Tour durchs Wiener Becken sind sehr speziell: Geschotterte Feldwege führen meist schnurgerade hinaus ins weite Land und bei guter Sicht tauchen am flachen Horizont Gebirge, Hochhäuser, Silotürme und Windräder auf. Das Ambiente ist überraschend ursprünglich und unbelastet, mit der Wienerstadt im Rücken betritt man eine Kulturlandschaft, welche die unmittelbare Nähe zur Metropole in keiner Weise spüren lässt. Dörfer versprühen ihren herben, so gar nicht modernen Charme. Die kleinen Höhengewinne bescheren aber überraschend viel Weitblick: Die Skyline von Wien, der östliche Alpenrand und der breit gelagerte mächtige Schneeberg setzen großartige und aus diesem Blickwinkel gänzlich ungewohnte Akzente. Eine Tour für echte Feinspitze, die statt dem x-ten Wienerwald-Besuch ihren Horizont im echten Wortsinn erweitern wollen.

40. *Felder, Großstadtsilhouetten und der Schneebergblick*

Schwechat–Rauchenwart–Pfaffenöden–Wienerherberg–(Goldberg-Variation)–Gramatneusiedl

Start: Schwechat, 163 m.

Ziel: Gramatneusiedl, 179 m.

Anreise: Schnellbahn S7 nach Groß-Schwechat. Mit dem Auto: Ostautobahn A4 Abfahrt Schwechat und im Ort zum Bahnhof. Retour zum Start mit der Bahn.

5 ½ Std., 70 Hm, 23,5 km. Mit Goldberg-Variation: 7 ½ Std., 100 Hm, 30 km.

Orientierung: einfach

Karten: ÖK50: 59, ÖK50-UTM: 5326.

Einkehr: Schwechat, Rauchenwart: GH Bauer (Mo–Fr ganztägig, Sa So Ft bis 12 Uhr), Wienerherberg: GH Burger (Mo Di Rt), Reisenberg: GH „Zur Reisenberger Mühle" (Mo Rt), Gramatneusiedl.

In der Bahngasse zur Sendnergasse und links zur Straßenkreuzung. Gerade weiter zum Hauptplatz und in der Himberger Straße bis zur Neukettenhofer Straße. In diese links ab, durch die Siedlung und vom Ortsrand sanft ansteigend hinaus in die Felder. Dann mit neuer Wegführung auf einer Brücke über die S1 (Fertigstellung 2005) und auf dem guten Feldweg (Radroute Aichhof) meist an Baumreihen entlang (unterwegs zwei Kreuze, ein Denkmal, seltene rote 888er-Markierung) mit ersten Blicken zum Wienerwald. Die asphaltierte Zufahrt zum Aichhof kreuzen, dann durch eine schöne Baumallee mit Rasenmittelstreifen weiter. Rechts ab in einen leicht ansteigenden Feldweg (Schranken), dann links in den „Baumweg" und auf diesem schnurgerade an einer begleitenden Mastenreihe entlang (Vorblick zur Bründlkirche, Seitblick zum Schneeberg und Rückblick auf Wien). Nach einem Wirtschafts-

gebäude links, in **Rauchenwart** zum nahen Platz und rechts zur Kirche. (2 ¼ Std.)

Durch die Obere Ortsstraße (keine Markierung) zu einem Bildstock am Ortsrand. Gleich danach links ab und vom Siedlungsende auf einem Rasenweg zur Landstraße. Dort links eine Funksenderanlage des Flughafens Schwechat, vom nahen Erdhügel ein Superpanorama: Wiener Becken, Wien, Wienerwald, Hohe Wand, Schneeberg. Über die Straße und scharf links auf breitem Fahrweg in einen Schottergrubenbereich, der den Gipfelbereich der **Pfaffenöden** optisch stark beeinträchtigt.

Bei erster Gelegenheit rechts, dann nach einer hohen Böschung auf einem kleinen Feldweg einer Gebüschreihe entlang und nach einem Linksknick neben einer Nadelbaumkultur (888er-Markierung) auf einem Feldweg abwärts (Blick zum Leithagebirge) und rechts auf Asphalt durch eine Kellergasse nach **Wienerherberg**. An der Straße rechts und bei der Kirche links auf einem Gehweg zu einer schönen barocken Mariensäule. (1 Std.)

Gerade weiter in der Seegasse, zweimal über die Fischa und durch ein Waldstück (links Fischteiche). Dann rechts ab auf einem beschrankten Feldweg und (unterwegs wieder Fischteiche) hinaus zur Landstraße (gegenüber ein neuer Golfplatz). An der Straße rechts, am aufgelassenen Neuhof vorbei und bald links ab auf einem Feldweg.

In den nächsten, von links einmündenden Feldweg zweigt die „Goldberg-Variation" ab, siehe unten).
Weiter immer der Markierung des 888ers folgen, bald rechts (Siedlung), dann links und am Waldrand entlang und unter einer Stromleitung, dann unter der Bahn durch und weiter zu einem Kreuz.
Hier die Einmündung der „Goldberg-Variation".
Auf einem Feldweg rechts ab und neben dem Bahndamm in Kürze auf einer kleinen Brücke über die Fischa. An einer Schilfreihe zu einem beschrankten Übergang und jenseits weiter hart an der Bahn entlang. Nach einer Baumreihe am Wiesenrand zum **Kibitzbach** und auf einem Feldweg zu einer Hühnerfarm. Dann auf einem einfachen Holzbrett (nächste bessere Gelegenheit zur Überquerung nach ca. 100 m) über den Kibitzbach und durch die Fasangasse, den Altenbacherweg und seine schmale Fortsetzung zur Straße. Auf der anderen Seite auf dem Bahnweg in Kürze zum Bahnhof von Gramatneusiedl. (2 ¼ Std.)

„Goldberg-Variation"
Nach dem Verlassen der Hauptroute in einer langen Geraden (unterwegs über den Fürbach) zum beschrankten Bahnübergang und weiter zum Reisenbach. Dort rechts am Ufer entlang zu einem querenden asphaltierten Güterweg. Rechts-links und weiter auf dem 888er neben einer Baumreihe mit Vorblick auf Reisenberg. Beim Tennisplatz rechts zum Reithof und in der Kellergasse in den Ort. Bald in ein stimmungsvolles kleines Kellerhaus-Grätzel und in der Weinberggasse steil hinauf zur Kirche und weiter auf den **Goldberg**.
Dort die Station 14 des Kreuzwegs, beste Aussicht vom Erdhügel: Leithagebirge, Wechsel, Schneeberg, Hohe Wand, Wienerwald, Wiener Becken, Wien.
Dem Erdhügel entlang auf einem Rasenstreifen nach Norden zu einem Feldweg in einem Tälchen hinab und links weiter. Bei der nächsten Kreuzung rechts und, den Rainspiegelberg vor Augen, zur Einmündung in den 888er. Mit diesem links (Baumreihe) in einer langen Geraden (links in der Ferne das Schneeberg-Profil) bis zum „Anschlag" bei den trockenen Fischa-Auen und links zu einem Kreuz und damit zur Einmündung in die Hauptroute. (1 ½ Std.)

Alland 84, 92
Altenmarkt/Triesting 84
Anninger, 675 m 72

Baden 78
Bad-Deutsch-Altenburg 150
Bad Vöslau 82
Bierhäuslberg, 488 m 67
Bisamberg 135, 136
Bischofsmütze, 514 m 78
Bockberg, 262 m 140
Böheimkirchen 112
Bramerhöhe, 740 m 103
Braunsberg, 346 m 151
Breitenfurt 53
Buchberg/Klosterneuburg, 360 m 36
Buchberg/Neulengbach, 469 m 94
Buchberg/Troppberg, 428 m 48
Buchkogel, 443 m 159, 165
Buschberg, 482 m 125

Dahaberg, 507 m 33
Deutsch-Wagram 141
Donnerskirchen 163
Dornbach 32
Drei Berge, 555 m 56, 90
Dreihufeisenberg, 515 m 53
Dreimarkstein, 440 m 28

Edelstal 155
Eichberg/Hochroterd, 558 m 58
Eichberg/Kirchstetten, 415 m 112
Eichgraben 95
Eichleitenberg, 380 m 39
Eisenstadt 160, 166
Engelmannsbrunn 123
Ernstbrunn 126
Eschenkogel, 653 m 75
Exelberg, 516 m 29, 31, 33

Forsthof 101
Hint. Föhrenberg, 582 m 64
Franz-Karl-Fernsicht, 488 m 29
Frauensteinberg, 330 m 73

Gernberg, 505 m 58, 69
Gföhlberg, 885 m 100, 102
Gießhübl 67
Glockenberg, 365 m 132
Goldberg, 218 m 168
Gösing 124
Gramatneusiedl 169
Greifenstein 42
Grinzing 24, 27
Groß-Engersdorf 142
Gumpoldskirchen 76

Haberegg, 693 m 115
Hadersdorf/Kamp 123
Hadersfeld, 441m 39
Hafnerberg 86
Hagenbrunn 139
Hainburg 151
Hainfeld 103
Hameau, 464 m 28, 32, 34
Haselbach 131
Haslau 149
Harzberg, 466 m 82
Hautzendorf 133
Hegerberg, 655 m 111
Heinratsberg, 513 m 49
Hengstberg, 371 m 122
Hengstlberg, 619 m 87
Hermannskogel, 542 m 26
Hochroterd, 528 m 56
Hochstöckl, 473 m 52
Hohenwartberg, 333 m 42
Höllenstein, 645 m 68
Hundsheimer Berg, 480 m 151
Hundskogel, 420 m 66
Husarentempel, 490 m 73

Jochgrabenberg, 645 m 87
Jubiläumswarte, 449 m 31

Kahlenberg, 484 m 22
Kahlenbergerdorf 23, 25
Kaiserbrunnberg, 576 m 89
Kaisereiche, 443 m 162
Kaltbründlberg, 508 m 60
Kaltenleutgeben 69
Kammersberg, 390 m 38
Kasberg, 785 m 106
Kaufberg, 422 m 53
Kaumberg 103
Kirchberg/Wagram 123
Kierling 42
Klammhöhe 100, 105, 106
Klausen-Leopoldsdorf 92
Kleinengersdorf 139
Kleinreither Höhe, 732 m 103
Klosterneuburg 36
Kreuzeck, 593 87
Kohlreitberg, 516m 94
Königsbrunn 135
Königswarte, 344 m 154
Kreisbach 118
Kronawettberg, 295 m 139
Kukubauerwiese, 782 m 107

Laaben 99
Laabersteigberg, 530 m 52
Lainzer Tiergarten 60
Langenzersdorf 133, 137

Lattermaißberg, 452 m 56
Leitzersdorf 129
Leobendorf 129
Leopoldsberg, 426 m 22
Liesing 57
Hoher Lindkogel, 847 m 77

Manhartsbrunn 135
Mannersdorf 163
Maria Ellend 149
Maria Gugging 40
Maria Raisenmarkt 84
Marchegg 143
Mauerbach 44
Mayerling 78
Michelbach 110
Michelberg, 409 m 128
Mistelbach 126
Mödling 65, 73

Neulengbach 95
Neuwaldegg 32
Nußdorf 25

Oberleiser Berg, 457 m 127

Parapluieberg, 530 m 67
Peilstein, 716 m 83
Pfaffenöden, 232 m 168
Pfaffstätten 76
Pfaffstättner Kogel, 541 m 76
Pfalzberg 90
Plattenberg, 440 m 54
Pressbaum 57, 88
Purbach 166
Purkersdorf 48, 51

Ramaseck, 520 m 58, 69
Rauchenwart 170
Regelsbrunn 149
Rekawinkel 48
Rodaun 57, 65, 71
Roppersberg, 507 m 52
Rosenberg, 290 m 126
Rosenberg, 352 m 127
Roßgipfel, 633 m 91
Rudolfshöhe/Hadersdorf, 475 m 50
Rudolfshöhe/Wilhelmsburg, 594 m 115

Sattelberg, 493 m 57, 90
Satzberg, 435 m 18
Schloßberg/Hainburg, 291 m 151
Schloßberg/Peilstein, 606 m 85
Schöffelstein, 425 m 50
Schöpfl, 893 m 98
Schwarzengruberhöhe, 677 m 109
Schwarzensee 86
Schwechat 169
Seelackenberg, 340 m 119
Sitzenberg 120
Sonnberg, 420 m 42
Sonnenberg, 484 m 159
Sooßer Lindkogel, 713 m 82
Sparbach 71
Sperrberg, 462 m 54
Spitzerberg, 302 m 154
St. Andrä/Wördern 44
St. Veit/Gölsen 108
Hint. Steingrabenberg, 467 m 55
Steinplattl, 649 m 87
Steinwandleiten, 734 m 115
Stettner Berg, 276 m 135
Stiefelberg, 497 m 49
Stockerau 129
Stössing 114
Sulzer Höhe, 500 m 69

Tabor, 428 m 59
Tempelberg, 403 m 41
Traismauer 120
Toblerberg, 355 m 131
Troppberg, 542 m 47
Tulbinger Kogel, 494 m 43

Unterkirchbach 44
Unterrohrbach 108

Valeriehöhe, 772 m 103
Vanas 55
Vollberg, 627 m 106
Vorderhainbach 30

Waschberg, 388 m 128
Weidling 30, 38
Wiener Blick, 434 m 63
Wienerherberg 171
Wildungsmauer 150
Wilhelmsburg 116
Windischhütte, 497 m 35
Wittenbachberg, 846 m 100
Vord. Wöglerberg, 58
Wolfsgraben 59
Wolfstal 158
Wolkersdorf 141
Wollmannsberg 131

Zobelhof 79
Zugberg, 330 m 58

Seite	Nr.	Ziel	Art	Zeit in Std.	HU in m	Distanz in km	Einkehr unterwegs	Öffis
16	1.	Wiener Stadtwanderwege	Rundwanderungen					
22	2.	Kahlenberg	Rundwanderung	2 ¾	350	9	Ja	Ja
26	3.	Hermannskogel	Streckenwanderung	4	500	15,5	Ja	Ja
31	4.	Exelberg	Rundwanderung	4	400	14	Ja	Ja
35	5.	Windischhütte	Rundwanderung	5 ½	450	19,5	Ja	Ja
39	6.	Hadersfeld	Rundwanderung	4 ¼	400	13,5	Ja	Ja
43	7.	Tulbinger Kogel	Streckenwanderung	5	350	16	Ja	Ja
47	8.	Troppberg	Streckenwanderung	4 ½	500	15,5	Ja	Ja
50	9.	Rudolfshöhe – Schöffelstein	Rundwanderung	2	300	7	Nein	Ja
52	10.	Laabersteigberg	Rundwanderung	5 ¼	550	19,5	Nein	Ja
56	11.	Drei Berge	Streckenwanderung	6 ¾	500	24	Ja	Ja
60	12.	Lainzer Tiergarten	Rundwanderung	5 ½	550	18	Ja	Ja
64	13.	Hint. Föhrenberg	Streckenwanderung	4 ¾	650	13,5	Ja	Ja
68	14.	Höllenstein	Rundwanderung	4	450	14	Ja	Ja
72	15.	Anninger	Rundwanderung	4 ½	450	18	Ja	Ja
77	16.	Lindkogel	Streckenwanderung	5	600	18,5	Ja	Ja
83	17.	Peilstein	Streckenwanderung	5	550	13,5	Ja	Ja
87	18.	Jochgrabenberg	Rundwanderung	6 ½	800	22	Nein	Ja
91	19.	Roßgipfel	Streckenwanderung	3 ¼	350	10,5	Nein	Ja
94	20.	Kohlreitberg	Rundwanderung	5 ¾	600	24	Ja	Ja
98	21.	Schöpfl	Rundwanderung	6 ½	800	22	Ja	Ja
102	22.	Gföhlberg	Streckenwanderung	7	900	21,5	Ja	Ja
107	23.	Kukubauerwiese	Streckenwanderung	4	450	13	Ja	Ja
111	24.	Hegerberg	Rundwanderung	5 ½	550	22,5	Ja	Ja
115	25.	Rudolfshöhe – Steinwandleiten	Rundwanderung	5 ½	500	20	Ja	Ja
119	26.	Seelackenberg	Rundwanderung	3 ¾	150	15	Ja	Ja
122	27.	Hengstberg	Streckenwanderung	4 ¾	300	20,5	Ja	Ja
125	28.	Leiser Berge	Streckenwanderung	6 ¾	500	26,5	Ja	Ja
128	29.	Rohrwald	Streckenwanderung	5	450	21,5	Ja	Ja
132	30.	Glockenberg	Streckenwanderung	6 ¾	500	25	Ja	Ja

Seite	Nr.	Ziel	Art	Zeit in Std.	HU in m	Distanz in km	Einkehr unterwegs	Öffis
136	31.	Bisamberg	Streckenwanderung	4	450	15,5	Ja	Ja
140	32.	Bockberg	Streckenwanderung	4	100	15,5	Ja	Ja
143	33.	March-Auen 1	Rundwanderung	1 ¾	20	7	Nein	Nein
		March-Auen 2	Rundwanderung	2 ½	20	10	Nein	Nein
147	34.	Donau-Auen 1	Streckenwanderung	2 ½	20	10	Nein	Ja
		Donau-Auen 2	Streckenwanderung	3	50	11	Nein	Ja
151	35.	Hainburger Berge	Rundwanderung	4 ¼	600	12	Ja	Ja
154	36.	Königswarte	Rundwanderung	2 ¾	230	11	Nein	Nein
		Spitzerberg	Rundwanderung	2 ¾	230	10	Nein	Nein
159	37.	Leithagebirge Eisenstadt	Rundwanderung	5 ¼	500	18,5	Nein	Ja
162	38.	Leithagebirge Nord-Süd	Streckenwanderung	3 ½	300	13	Nein	Ja
165	39.	Leithagebirge Ost-West	Streckenwanderung	7 ½	750	26,5	Nein	Ja
168	40.	Wiener Becken	Streckenwanderung	5 ½	70	23	Ja	Ja

Bildlegenden:
S.16: Blick auf Wien; S. 22: Kahlenbergerdorf; S. 27: Auf der Jägerwiese; S. 32: Jubiläumswarte; S. 35: Blick vom Buchberg nach Klosterneuburg; S. 36: Roblkreuz; S. 39: Blick auf Klosterneuburg; S. 40: Hadersfeld, Gipfelobelisk; S. 43: Blick vom Tulbingerkogel Richtung Ötscher; S. 44: In der Hagenbachklamm; S. 47: Bahnhof Rekawinkel; S. 51: Sängerbrunnen; S. 52: Am Roppersberg; S. 53: Blick vom Hochstöckl Richtung Wien; S. 56: Am Kaiserstein; S. 61: Beim Wienerblick; S. 64: In der Vorderbrühl; S. 68: Beim Kreuzsattel; S. 69: Hollensteinhaus; S. 72: Husarentempel; Waldrast „Krauste Linde"; S. 77: Auf dem Hohen Lindkogel; S. 83: Peilsteinhaus; S. 84: Hafnerberg; S. 87: Blick vom Jochgrabenberg nach Westen; S. 88: Kaiserbründl; S. 95: Schloss Neulengbach; S. 98: Im Abstieg nach Laaben; S. 99: Blick vom Schöpfl Richtung Schneeberg; S. 102: Kaumberg; S. 119: Sitzenberg; S. 123: In Gösing; S. 125: Beim Oberleiser Berg; S. 128: Blick vom Waschberg Richtung Wien; S. 132: Beim Stettner Berg; S. 133: Bei Hautzendorf; S. 136: Blick ins Marchfeld; S. 137: Blick auf Wien; S. 140: Schloss Wolkersdorf; S. 143: An der March; S. 144: In den March-Auen; S. 151: An der Donau in Hainburg; S. 154: Königswarte; S. 159: Auf dem Buchkogel; S. 160: Schloss Esterházy; S. 168: Blick auf Wien; S. 169: Auf dem Goldberg: Sonnenuntergang hinter dem Schneeberg.